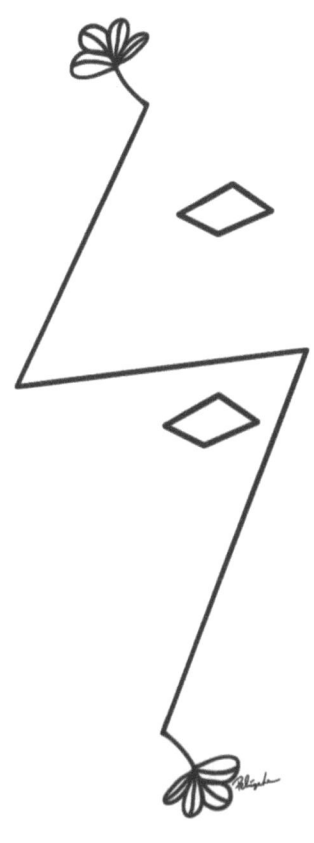

line Soat

Julius Südhoff

Der Menschen Ich

Anthologie

FSC
www.fsc.org
MIX
Papier aus ver-
antwortungsvollen
Quellen
Paper from
responsible sources
FSC® C105338

Bibliografische Information der Deutschen
Nationalbibliothek:
Die Deutsche Nationalbibliothek verzeichnet diese
Publikation in der Deutschen Nationalbibliografie;
detaillierte bibliografische Daten sind im Internet über
http://dnb.dnb.de abrufbar.

© 2024 Julius Südhoff

Illustrationen: Fabian Post (www.peligate.com)

Covergestaltung: Julius Südhoff

Herstellung und Verlag: BoD – Books on Demand,
Norderstedt

ISBN: 978-3-7557-4052-0

Inhaltsverzeichnis

Vorwort

Es sind die herausfordernden Zeiten, die uns zeigen, wie wir wirklich sind. Mit all den Wesenszügen, die uns Menschen erst ausmachen. Wir stehen füreinander ein, rücken zusammen und finden Trost in der Stärke und Wärme der Gemeinschaft.

Doch Krisen legen auch auf gnadenlose Weise die Missstände einer Gesellschaft offen. Sie bringen in uns schlummernde Charakterschwächen ans Tageslicht, die den Zusammenhalt auf Dauer untergraben und dem Eigennutz Vorzug geben. Einen Ausgleich zwischen den zwei Seiten des menschlichen Ichs zu finden, ist ein tägliches Werk. Diese Geschichten sollen dazu einen Beitrag leisten: Sie sind der Versuch, uns allen den zerbrechlichen Segen einer friedlichen Gesellschaft in Erinnerung zu rufen.

Der faule Kern

Ein flüchtiges Bild schweift im Kopf herum. Frei von Wort und Sinn geistert es umher, sucht langsam nach fester Gestalt und wächst an Größe, bis sich daraus der Kern eines Gedankens formt. Dieser Gedankenkern verbleibt unausgesprochen im Geist vergraben. Mancher vermag mit der Zeit zu reifen und an Güte zu gewinnen, doch mit diesem bestimmten verhält es sich anders. Einem im Nest vergessenen Ei gleich, gärt er vor sich hin, während seine schützende Schale immer fester wird.

Mit den Jahren ist sein Inneres faulig und ungenießbar geworden. Ein Gedanke, so fest geformt, dass weder kluges Wort noch gut gemeinte Tat ihm die Härte zu nehmen vermögen.

Eines Tages bahnt sich das Unausgesprochene seinen Weg. Von Wut und Geschrei getragen, bricht es hervor; unwiederbringlich, wie eine Gewehrkugel auf ihrem Weg. Eine Waffe, nicht in der Hand, sondern auf der Zunge.

Was wäre erspart geblieben, hätte der erste Gedanke direkt zur Sprache gefunden; noch ohne unnachgiebige Schale und verdorbenen Sinn. Vielleicht hätte es Unverständnis gegeben und harte Worte. Vielleicht aber auch: Verständnis und mitfühlende Worte, die einander bereichern, statt Wunden zu schlagen. Mit etwas Glück wäre dem Gedanken mit dem harten Kern ein Spross entstiegen, um als Blume in die Zukunft aller zu wachsen und seine Blüten zu entfalten. Und Taten wären Worte geblieben.

Bienenschwarm

Dort, wo der Berg in seinem Anstieg nur kurz pausiert,
um sich bald weiter in die Höhe zu schwingen, tauchen
jeden Tag aufs Neue zögerliche Sonnenstrahlen die
Bergwiese in erstes, fahles Licht. Ein Fleckchen Erde, von
Mensch und Unruhe noch nicht ergriffen; ohne Weg und
Straße, die es mit der restlichen Welt verbinden würden.
Mit Blumen und Kräutern auf saftigem Grün; einem
Bach, der dem Gestein entspringt; und einem Wald voller
krummer Bäume, die sich an den Berg schmiegen.

Ein Ort der Stille und des Stillstandes, mag man
meinen, so nah am Himmel, wie er ist. Nur hin und
wieder unterbrochen vom Gezwitscher vereinzelter Vögel,
dem Ruf des Adlers im Reich der Lüfte und dem Pfeifen
alarmierter Murmeltiere. Doch mit etwas Zeit im Gepäck
und dem Willen, dem Selbstverständlichen von Angesicht
zu Angesicht zu begegnen, würde einem das kleine Reich
gewahr, das dem schnellen Auge zumeist entgeht.

Sobald die Sonne am Himmel steht, das Gras noch
feucht vom Morgentau, kommt sie mit ihrem Gesumm
geflogen: Die Biene fliegt von Blüte zu Blüte. Fleißig und
mit unstetem Flug erscheint sie hier und dort, bestäubt
Blumen, Kräuter, Sträucher – alles, das ihrem Wirken

bedarf – und fliegt mit ihrem Lohn am Leib hinfort. Begleitet von ihren Schwestern bringt sie die kostbare Fracht nach Hause, um ohne Pause weiter zu summen, bis der Abend ihr Tagewerk beendet. Ihr Bienenstock hängt – hoch genug, um auch den gefräßigsten Räuber abzuwehren – unter einem schützenden Felsvorsprung an der von der Mittagssonne erwärmten Bergflanke.

Im Bienenstock herrscht reges Treiben. Die Arbeitsbienen bringen Nektar, Pollen und Honigtau heran. Hat ein fleißiges Bienchen eine ergiebige Quelle gefunden, so teilt es das den anderen mit und die umtriebigen Schwestern folgen seinem Weg. Die Wächterbienen am Flugloch prüfen, ob sich unter den Abertausenden Bienen Feinde in den Bienenstock einschleichen und wehren sie ab, unter Einsatz von Leib und Leben. Im Bienenstock stellen die geschicktesten Arbeiterinnen Waben aus Wachs her und verarbeiten die gesammelte Fracht zu Honig, den sie für schlechte Zeiten sorgsam in den Zellen einlagern. Die Ammenbienen kümmern sich um die Aufzucht des zahlreichen Nachwuchses.

Über all dem wacht die Bienenkönigin und schafft Leben im Einklang mit den Jahreszeiten. Ihre einzige Sorge ist das Gedeihen ihres Hofstaates. Einst war sie auf gleicher Stufe mit den anderen aus ihrem Ei geschlüpft, in nichts von ihren Geschwistern zu unterscheiden. Nur die Zelle, in der sie heranwuchs, hatte auf das Schicksal hingedeutet, welches ihr die Arbeiterinnen zugedacht hatten. Als diese erkannt hatten, dass ihre alte Königin nicht mehr fähig war, den Bienenstock in eine erfolgreiche Zukunft zu führen, hatten sie geeint entschieden, gerade dieses Ei zur zukünftigen Regentin heranzuziehen. Wie ihre fleißigen Schwestern und arbeitsscheuen Brüder, deren einzige Aufgabe der Erhalt der Art werden sollte, versorgten die Ammen die kleine Larve mit dem Besten vom Besten. Doch während sie den späteren Arbeiterinnen und Drohnen schnell magere Kost vorsetzten, war die königliche Larve weiterhin mit energiereicher Nahrung verwöhnt worden.

Mit diesem Vorsprung durch Hege und Pflege, hatten die Arbeiterinnen sie in ihrer Zelle eingemauert. Einige Tage später war sie als voll entwickelte Königin aus ihrem Gefängnis auf Zeit hervorgebrochen. Ihre Schwestern hatten sich zuerst als Putz- und Ammenbienen beweisen und schließlich als Bau- und Wachsbienen ihren Dienst für die Gemeinschaft leisten müssen, um dann auf die höchste Stufe der Wächterinnen und Sammlerinnen zu steigen. Währenddessen die junge Königin zusammen mit den Drohnen ihren ersten und letzten Flug nach draußen getan hatte, um sich begatten zu lassen. Die alte Königin hatte ihr friedlich das Zepter übergeben und war mit einem Teil der Getreuen weitergezogen, um Platz für etwas Neues zu schaffen. Seit ihrer Rückkehr hatte die junge Königin ihr Schloss aus Wachs und Honig nicht mehr verlassen und sich von da an daran gemacht, Leben zu schenken und über das Wohlergehen ihrer Untergebenen zu wachen.

Doch eine Bienenkönigin schenkt nicht nur Leben, sie blickt auch weise in die Zukunft. Unter ihrer einvernehmlichen Herrschaft sind die Honigvorräte darum stets gut gefüllt. Die Arbeiterinnen sammeln von morgens bis abends so viel an Nektar, Pollen und

Honigtau, wie sie zum Bienenstock fliegen können, und nehmen damit Teil am Kreislauf von Fülle und Wachstum. Wenn die Königin spürt, dass sich schlechtes Wetter ankündigt, teilt sie es den Arbeiterinnen mit und sie sammeln am Tag vorher mehr, um den Ausfall aufzufangen. Wenn es schließlich in dieser unbeständigen Höhe erst einmal zu regnen anfängt, kann es gut für Tage so bleiben. Das Leben gedeiht auf dieser hoch gelegenen Wiese knapp unter den Wolken – und das verdankt sie den emsigen kleinen Helferinnen.

Jede Biene leistet ihren Beitrag aus eigenem Antrieb. Jeglicher Egoismus des Menschen ist ihnen fremd und die Königin strebt nicht nach Macht und Anerkennung, sondern versteht sich als Teil eines großen Ganzen. Eines Tages wird sie ihren Vorgängerinnen folgen: Entweder ihre Aufgabe erfüllen, bis die Zeit sie nimmt, oder mit einem Teil der Schar der Zehntausenden weiterziehen und das Zepter an ihre Nachfolgerin übergeben. So war es immer und so sollte es auch immer sein.

Doch mit einem Mal zerbricht das friedliche Gleichgewicht. Die Bienen fangen an, sich selbst in der Masse zu sehen und den eigenen Flügelschlag herauszuhören. Sie beginnen davon zu träumen, selbst Königin zu sein – nicht aus dem Drang heraus, den Kreislauf des Lebens zu erhalten, sondern um zu herrschen und einen eigenen Bienenstock mit Hofstaat ihr Eigen zu nennen. Anscheinend waren die Waben am Ende zu gut gefüllt, dass sie nun in einer Zeit des Überflusses zu der Ansicht gelangen, einander nicht mehr zu brauchen. Möglicherweise ist es aber auch der sich ändernde Wind, der aus der Welt unten tief im Tale zu ihnen nach oben dringt. Vielleicht trug er den zerstörerischen Geist des Menschen mit sich. Vielleicht ging er auf die Bienen über – und mit ihm Verstand und Seele.

Jetzt suchen sich die Ammenbienen unter den hungrigen Larven Lieblinge heraus, während sie anderen Hilfsbedürftigen den Rücken zukehren. Sie hegen und pflegen ihre Auserwählten, damit sie groß und stark werden, um später in ihrem Schatten etwas von der Macht abzubekommen. Junge Bienen, gerade erst ihren Zellen entschlüpft, tun sich lieber am so schwer gesammelten Honig gütlich, statt zu heizen und zu putzen, oder folgen dem vielversprechenden Beispiel der Ammenbienen. Die Wachsbienen stellen immer weniger Baumaterial her, was lieber für die großen Geburtszellen der vermeintlich zukünftigen Königinnen verbraucht wird. Den wenigen Baubienen, die noch ihre Arbeit verrichten, lassen sie kein Material mehr übrig, mit dem sich der Bienenstock vergrößern oder verstärken ließe. Der kleine Palast zerfällt zusehends und bald verdreckt Unrat die Waben.

Die Sammlerinnen erfüllen ihre Aufgabe lange nicht mehr mit dem Schwung, den sie sonst an den Tag legen. Sie sehen nicht mehr ein, dass andere sich an ihren Mühen laben, und legen Verstecke an, wo sie eigenen Honig lagern.

Die selbsternannten neuen Regentinnen verstärken ihre Stellung innerhalb des Hofstaates und scharen Verbündete um sich, während sie auf den passenden Moment warten, um die Macht an sich zu reißen. Selbst einfache Arbeiterinnen träumen vom Platz an der Spitze und verschwören sich miteinander.

Die bisher unangefochtene Königin sieht nun nur noch Rivalinnen und klammert sich umso mehr an ihre liebgewonnene Herrschaft. Auch sie versammelt ihre Gefolgsleute und die noch so einstimmig gewählte wie selbsternannten Regentinnen bekämpfen einander.

Viele der unterlegenen Umstürzlerinnen verlassen den Bienenstock, um anderswo ihr eigenes Volk zu gründen, und der verbleibende Hofstaat wird immer kleiner. Überall tauchen neue Bienenstöcke auf – kleiner als der Stammsitz unter der Felswand und weniger gut gebaut, aber trotzdem unabhängige Staaten, die ein eigenes Revier verlangen. Schnell wird es schwierig, genügend Nektar, Pollen und Honigtau zu finden und die Vorräte der abtrünnigen Staaten wachsen nur langsam.

Die am Stammsitz verbliebenen Wächterbienen wachen nun nicht mehr am Eingang, sie fliegen lieber mit den Umstürzlerinnen davon oder versüßen sich das Leben auf Kosten der schweren Arbeit anderer. So bleibt keine Wächterin mehr übrig, um den immer leerer werdenden Bienenstock gegen Eindringlinge zu verteidigen. Das fällt vorerst nicht schlimm ins Gewicht, gibt es hier oben doch so gut wie keine Räuber, die ihrem Bienenstock gefährlich werden könnten.

Doch gibt es einen Feind, der sie alle gleichermaßen bedroht und keinen Unterschied zwischen Königin und Putzbiene macht. Der Winter kommt mit aller Macht und trifft auf ein unvorbereitetes Opfer. Während der Felsvorsprung die schlimmste Kälte abhält, setzt sie den zersplittert hängenden Bienenvölkern unbarmherzig zu. Wie viel Kraft und Energie sie auch darauf verwenden, einander zu wärmen – sie sind zu wenige, die Vorräte bei Weitem zu überschaubar und ihre in aller Eile erbauten Behausungen den Elementen zumeist so ungeschützt ausgeliefert, dass der Tod sie bald bedroht. Der Winter zeigt ihnen, unbarmherzig wie er ist, dass nur überdauert, wer mit anderen zusammen allen Widrigkeiten trotzt.

Die abtrünnigen Königinnen spüren nun, dass die Arbeiterinnen, die sie mit ihren Leibern zu schützen suchen, allesamt sterben werden, wenn sie an Ort und Stelle verbleiben, und vernehmen das Flehen der alten Königin, die verzweifelt versucht, ihr altes Volk wieder zusammenzurufen. Da erinnern sich die Abtrünnigen wieder an ihre vornehmliche Aufgabe: den Erhalt des Lebens.

Die Königinnen selbst sind zu schwer und zu langsam, um es mit dem Schneetreiben aufzunehmen. Also schicken sie die Arbeiterinnen allein zum Stammsitz, um den Hofstaat zu vereinen, obwohl sie damit ihr eigenes Todesurteil unterschrieben. Die Arbeiterinnen saugen so viel von dem dringend benötigten Honig auf, wie sie wagen können. Dann machen sie sich auf den Flug. Im Winter ist es die Biene nicht gewohnt zu fliegen. Die Kälte lässt ihre Kräfte allzu schnell erlahmen und so sterben viele Arbeiterinnen bei ihrem verzweifelten Versuch und fallen in den unberührten Schnee. Nur wenige schaffen es, ihrem uralten Instinkt zurück zum angestammten Bienenstock zu folgen.

Gerade angekommen schließen sie sich in der Mitte des Bienenstocks mit den verbliebenen Schwestern zu einer Traube zusammen. Mit ihrem gleichmäßigen

Flügelschlag und dem Zittern ihrer Körper erzeugen sie genügend Wärme, um zusammen die kalten Nächte zu überstehen. Den Honig teilen sie in dieser Zeit schwesterlich zu gleichen Teilen.

Wie der Winter sich verabschiedet und der Frühling Einzug hält, sind die Bewohnerinnen des Bienenstocks auf dem Berge von jeglicher Anwandlung menschlichen Strebens geheilt. Die Königin erfüllt ihre Aufgabe wie einstmals als Teil eines größeren Planes und die Arbeiterinnen arbeiten wieder emsig, wie eh und je, dass es ein Uhrwerk nicht besser könnte. Das Summen kleiner Flügel erfüllt wieder die Bergwiese und sorgt für die Hülle und Fülle, die unsereins so beiläufig mit Blicken streift – und doch so nötig braucht.

Nachbars Garten

Nicht weit von hier, gleich in Nachbars Garten, trug sich einst eine Geschichte zu. Der große Garten lag an einem Fluss: ein fruchtbares Stück Land mit einer Scheune und einer alten Eiche in der Mitte. Hecken und Zäune umschlossen den Garten mit seinen Obstbäumen, Sträuchern, Blumen- und Gemüsebeeten. Die Vögel, die den Garten zu ihrer Heimstatt gewählt hatten, teilten sich seine üppig bereitgehaltenen Gaben mit den anderen Tieren, die dort kreuchten und fleuchten. Sie achteten aufeinander und warnten sich gegenseitig vor drohender Gefahr. Mit ihrem Geträller begleiteten sie den Sonnenschein und das üppig sprießende frische Grün. Sie grüßten einander beim Namen und erzählten sich dies und das; hörten zu und antworteten einander.

Doch von einem Frühling auf den anderen änderte sich etwas in dem friedlichen Garten. Im Geheimen heißt es, Herr Taube sei der Erste gewesen. Er setzte sich mit Frau Taube in den Kirschbaum und gurrte laut und vernehmlich, dass dieser Baum und seine Früchte nur noch ihnen und ihrer Brut zustanden und niemandem sonst. So kam es, dass Familie Meise den Nistkasten an zweitbester Stelle des Gartens bezog und die Sträucher rundherum sowie den Pflaumenbaum zu ihrem angestammten Sitz erklärte. Die Amsel ließ sich im Apfelbaum nieder und wachte in seinem Schatten. Die Sperlinge bezogen in den Hecken der Südseite und die Finken in den weitläufigeren, wenn auch spärlicheren Hecken der Nordseite und auf dem angrenzenden Rasen Stellung. Die Drossel erhob Anspruch auf die Schnecken und das Getier in den Blumenbeeten. Um das vielversprechende Gemüsebeet herum flogen die Spatzen Patrouille. Der Zaunkönig residierte, dem treffenden Namen nach, auf dem Zaun am Fluss, der reichlich Mücken versprach. Die Nachtigall erklärte auf dem Scheunendach mit lautem Klang ihre Unabhängigkeit, und der Eichelhäher keckerte aus der alten Eiche gleich daneben sein eigenes Lied.

Die Vögel kümmerten sich nicht mehr um das Wohlergehen der anderen und achteten stattdessen eifersüchtig darauf, dass ja niemand etwas von ihren Bäumen und Vorräten stahl oder sich auf dem Ast nebenan niederließ. Sie lehrten ihre Küken, nur mit der eigenen Brut zu singen und zu spielen. Aus voller Kehle trällerte nun jede Art für sich. Nicht um eine schöne Gesangseinlage zu bieten, die den Sonnenschein und das frische Grün umschmeichelt, sondern um die anderen zu übertönen und Besitzansprüche geltend zu machen. Sie schreckten auch nicht davor zurück, sich aufzuplustern und einander zu bedrohen. Wer nicht hören wollte, bekam es mit Schnabel, Kralle und Flügel zu tun. Jeder hatte nur noch die eigene Art und ihr Wohlergehen im Sinn.

So kam es, dass das sonst so große Angebot des

Gartens immer schmaler wurde. Die Tauben lebten einen Monat im Schlaraffenland und mussten hungern, sobald der Kirschbaum leergefressen war. Dann schauten sie sehnsuchtsvoll zu dem Pflaumenbaum und dem Apfelbaum herüber, die bereits zarte Früchte trugen, oder malten sich aus, im Blumenbeet nach jungen Insekten zu suchen. So ging es nach und nach allen Vögeln. Sobald ihr Reich leergefressen war, hungerten sie, denn die Jahreszeiten kamen und gingen, wie sie wollten.

Irgendwann machten die Starken den anderen ihren Besitz streitig und die Schwachen mussten fortfliegen. Der einst so friedliche Garten mit dem so lieblichen Gesang aus verschiedenen Schnäbeln war zu einem Ort geworden, an dem Neid, Egoismus, Gewalt und Hunger gediehen. Wo zuvor noch Gesang durch den Garten wehte, ward er zu einem grausigen Hickhack lauter Stimmen verkommen, die sich zu übertönen suchten.

Eines Tages, angelockt vom vielstimmigen Streitgesang, kam der Marder in den Garten geschlichen. Anders als sonst war der Eichelhäher nicht auf der Wacht, denn er war damit beschäftigt, seinen Eichelvorrat zu verstecken und nach unerwünschten Blicken Ausschau zu halten. Der Marder hatte leichtes Spiel: Die Vögel waren zerstritten und so schnappte er sich den lautesten Schreihals zuerst. Er brauchte seine Augen nicht einmal anzustrengen und einfach seinen Ohren zum nächsten Opfer zu folgen. Ungestört trieb er sein Unwesen. Wenn das eine oder andere verschlagene Federvieh es anfangs begrüßt hatte, dass der Marder einen Baum von den ungeliebten Nachbarn befreite, so änderte es seine Meinung schnell. Der Marder nahm nämlich nicht nur mit den Küken des einen Vogels vorlieb, er kletterte in alle Ecken und machte sich über die Sprösslinge eines jeden her. Da verstummten die Vögel in ihrem eigennützigen Gezeter.

Wie so oft brauchte es nur einen, um den ersten Schritt zu wagen. Die Amsel grüßte Sonnenschein und frisches Grün wie zu früheren Zeiten. Wenn auch zögerlich und lang nicht mit vollem Klang, ermutigte sie die anderen, mit einzustimmen. Natürlich machte der Marder sich schnurstracks auf den Weg, sie zu fangen. Doch der Gesang des einen Vogels verstummte und ein anderer begann an seiner Stelle. Also machte der Marder kehrt, um sich seiner anzunehmen. Auf halber Strecke wurde aus dem Gesang ein Duett und der Marder blieb zögernd stehen. Er war gerade dabei, eine Wahl zu treffen, auf wen er sich zuerst stürzen wollte, da fielen mehr und mehr in den Gesang mit ein, der zu einem wahren Chor anschwoll. Der Marder wandte sich mal hierhin und mal dorthin und drehte suchend den Kopf, bis ihm schwindelig wurde. Ihren Gegner ermüdet, gingen die Vögel zum Angriff über. Sicherlich, sie waren keine Adler mit großen Schnäbeln, keine Falken mit schnellen Schwingen und scharfen Krallen, und der Marder hätte jedem allein im Handumdrehen den Garaus gemacht. Aber er ist ein Jäger, der im Chaos seine Beute findet. Gegen alle Vögel des Gartens, die sich in einem Schwarm erhoben, hatte er keine Chance. Die einen flogen Scheinangriffe, während andere mit ihren Schnäbeln pickten und mit ihren Krallen ausholten. Sie rupften dem Marder sprichwörtlich das Fell und hinterließen schmerzende Spuren. Sobald der Marder sich umwandte, um seinen Gegner zu stellen, zwickte ihm schon ein anderer in den Schwanz. Mir nichts dir nichts hatten die Vögel den Garten vom Marder befreit. In ihrer Freude über den gemeinsamen Sieg und der Trauer um die verlorenen Artgenossen besannen sich die Vögel der alten Zeit, in der alles friedlich gewesen war. Eintracht hielt Einzug und der Gesang wurde wieder zum gutmütigen Geträller von einst. Herr Taube teilte wieder mit den anderen und sie gaben alle aufeinander acht. Nachbars Garten verwandelte sich erneut in eine Oase der Fröhlichkeit und des Überflusses. Nichts erinnerte mehr an das Drama, dass sich dort noch vor kurzer Zeit zugetragen hatte. Nur der Eichelhäher hörte nicht auf, wachsam zu sein. Denn der Marder war nicht gänzlich verschwunden. Er war nur ein paar Gärten weitergezogen.

Der Leuchtturm

Einst gab es einen Leuchtturm. Von umsichtigen Köpfen erdacht und von findigen Handwerkern erbaut, stand er an der windgebeutelten Küste in Reichweite der tosenden Brandung. Er warnte verzweifelte Seereisende vor Untiefen oder aufragenden Felsen und leitete sie in den sicheren Hafen. Zugleich war er auch den Landbewohnern Orientierungspunkt in finsterer Nacht. Er trotzte den Wellen, die sein Fundament fortzuspülen versuchten; dem salzigen Wasser, das den Mörtel seiner Mauern zersetzte; und dem Wind, der ihn umtoste. Jahr um Jahr lotste er stolze Schiffe und kleine Fischerboote gleichermaßen durch Herbststürme und tückische See. Der Hafen in seinem Schatten war gut besucht und Waren aus allen Ecken und Enden der Welt wechselten auf dem nahen Markt den Besitzer. Der Handel machte das Hafenstädtchen groß und wohlhabend. An all dem hatte der Leuchtturm seinen Anteil, denn er gab den Dingen Ordnung.

Doch in einer Vollmondnacht kam ein Sturm auf, wie ihn die windgebeutelte Küste lange nicht erlebt hatte. Häuser stürzten ein, meterhohe Wellen zogen Schiffe in die Tiefe des brodelnden Meeres oder ließen sie an Felsen zerschellen. Die kleinen Fischerboote sanken sofort und selbst große Schiffe schleuderte der Sturm wie Spielbälle hin und her, bis die Besatzungen jeglichen Orientierungssinn verloren. Sobald der Sturm seinen Griff etwas lockerte, suchten die Seefahrer nach dem rettenden Licht des Leuchtturms. Im Gewirr aus Regen, Blitzen und aufspritzender Gischt hielten jedoch selbst einige der erfahrensten Kapitäne das Mondlicht für den rettenden Feuerschein. Sie steuerten ihre Schiffe immer weiter auf das Meer hinaus statt zum rettenden Ufer – und ins Verderben.

Nur wenige Schiffe überstanden den Sturm und noch weniger Fischer kehrten zu ihren Familien zurück, die am Strand auf sie warteten. Nun lagen die Existenzen der Fischer, die dem nassen Grab entkommen waren, zusammen mit den Waren der Händler auf dem Grund des Meeres. Die Stadtbewohner taten das nunmehr einzige, was tiefster Verzweiflung etwas Linderung verspricht: Sie bargen ihr Hab und Gut aus den zerstörten Häusern und räumten auf. In ihrer Not blickten die Stadtbewohner nun voller Wut und Unverständnis zum Leuchtturm, der sie doch sonst immer auf den richtigen Kurs geleitet hatte – nur nicht in jener Nacht, in der es am Nötigsten gewesen wäre. Also rissen sie ihn nieder. Mit Hämmern, Spitzhacken und purer Kraft schafften sie, was Jahrzehnte an Wellen und Wind nicht vermocht hatten: Sie zerstörten an einem einzigen Tag, was über Jahre erbaut worden war. Erst als sie den Leuchtturm in Trümmern liegen sahen, waren die Bewohner der geschundenen Hafenstadt zufrieden.

Nach dem Unglück, das so unvermittelt über sie

hereingebrochen war, entzündeten die Bürger der gebeutelten Hafenstadt neue Leuchtfeuer. Einige voll guter Absichten im Herzen. Doch andere hatten nur sich selbst im Sinn und entzündeten falsche Leuchtfeuer. Vertrauensselige Kapitäne lockten sie zu Sandbänken, felsigen Küsten und tückischen Untiefen. Sie hofften auf reiche Beute, die in so manchen Schiffsbäuchen schlummerte. Bald waren rechtschaffene Leuchtfeuer nicht mehr von denen zu unterscheiden, die arme Seefahrerseelen vom rechten Weg abbrachten. Geschichten verbreiten sich schnell. So kam der Tag, an dem die Seefahrer keinem noch so einladend brennendem Leuchtfeuer mehr trauten und sie diesen Küstenabschnitt gänzlich mieden. Die einst große und reiche Hafenstadt, mit ihrem Seefahrervolk in den Straßen und den stolzen Schiffen, die innerhalb ihrer Mauern ankerten, war bald leergefegt und die Küstenbewohner litten Armut. Bald sehnten sie sich den in Trümmern liegenden Leuchtturm zurück. Zusammen versuchten sie, ihn wieder aufzubauen, doch die Steine, die einst starke Mauern gebildet hatten, ließen sich nicht so einfach wieder zusammenfügen. Nicht jeder Stein passte auf jeden anderen; die Küstenbewohner mussten sie nach ihrer Form zusammensuchen, wie bei einem Puzzlespiel.

Als sie es endlich vollbracht hatten, waren die Turmmauern rissig und voller Löcher, die selbst der beste Mörtel nicht zu schließen vermochte. Der neue Leuchtturm erreichte nicht die Größe seines Vorgängers, war schief gebaut und der Wind pfiff durch ihn hindurch. Selbst nach dem Wiederaufbau des Wahrzeichens dauerte es lange, bis die misstrauisch gewordenen Seefahrer wieder Vertrauen fassten. Noch länger dauerte es, bis es mit der Hafenstadt wieder aufwärtsging. Den Glanz früherer Zeiten erreichte sie nie wieder.

Der sture Baum

Aus einem undurchdringlichen Urwalde, mit seinem Himmel und Sonne verdeckenden Blätterdach, ragt ein Felsen hervor. Nur Gräser und kleine Pflanzen wachsen in dem wenigen Erdreich, das sein Haupt bedeckt. Der unversehens aufkommende Wind bringt ein Samenkorn mit sich und lässt es auf dem kargen Felsen landen. Das Samenkorn könnte sich entscheiden, noch etwas in der harten Schale zu warten und darauf hoffen, doch noch an eine günstigere Stelle geweht zu werden. Aber es entschließt sich, zu verbleiben und Wurzeln zu schlagen. Auf den ersten Blick mag es als eine Entscheidung wider jede Sinnhaftigkeit erscheinen – trotzdem muss an diesem Ort etwas schlummern, was das Samenkorn bleiben lässt. Es ist nicht das erste Samenkorn, welches das lebensspendende Wasser unter dem Felsen spürt, und auch nicht der erste Vertreter seiner Art, der gewillt ist, den Kampf mit dem Gestein aufzunehmen. Vielleicht ist es die schlichte Aussicht darauf, einem König gleich über dem Blätterdach zu thronen, die dem Samenkorn seine Entscheidung abnimmt, denn im Urwald bestimmt der ständige und erbitterte Streit ums Licht das Leben. Auf dem erhöhten Felsen erst verwurzelt, wäre es von

Konkurrenz befreit. Also streift das kleine Samenkorn die schützende Schale ab und beginnt in der dünnen Schicht Erdreich zu keimen. Die zarten Triebe, die aus dem Samenkorn erwachsen, können sich Zeit lassen. Sie brauchen sich nicht im Wettkampf um Höhe und Platz verausgaben; es bleiben ihnen noch genug Jahre, um zu stattlicher Größe heranzuwachsen, wenn der sprudelnde Lebensquell unter dem Felsen erst erreicht ist. Bis dahin übt sich der kleine Setzling in Geduld und steckt die geringe Feuchtigkeit und Kraft, die er der Erde abtrotzt, in seine Wurzeln, damit sie Halt finden und einen Weg durch das Gestein suchen können. So bleibt der Baum anfangs klein und mickrig. Und tut gut daran. Hier oben bedeutet Größe lediglich, dem Wind ein leichtes Spiel zu bereiten. Viele aufstrebende Baumriesen haben ihr Glück schon auf dem Felsen versucht, ehe der Wind sie fällte, weil ihre Wurzeln noch nicht tief genug reichten. Sie taten den zweiten Schritt vor dem ersten und gaben sich mit ihrer trügerischen Größe zufrieden; bauten ein Dach, ohne an Balken und Fundament zu denken.

Dieser Baum möchte den Fehler seiner Vorgänger nicht wiederholen. Er wächst krumm, um dem Wind weniger Angriffsfläche zu geben, und krallt sich eisern im Felsen fest, wie kräftig der Sturm auch tobt. Die Jahre vergehen und der Baum ist schließlich fest genug verankert, um ein bisschen Höhe zu wagen. Immer noch glaubt er fest daran, eines Tages zur Quelle des Wassers zu gelangen. Doch je größer er wird, desto mehr Wasser und Kraft braucht er. Das Wenige an Feuchtigkeit und Nährstoffen, welches sich auf dem Felsen finden lässt, ist nicht unerschöpflich und so wird das Vorhaben des kleinen, krummen Baumes immer dringlicher. Aus den Jahren wird ein Jahrzehnt und dann noch eins. Nach fünfundzwanzig Jahren des sturen Wachsens reichen die Wurzeln tief in den Felsen und der Baum sieht sich fast am Ziel. Also lässt er alle Vernunft fahren und holt nach, was er sich so lange versagte. Er wächst in Höhe und Breite, um an Stattlichkeit zu gewinnen.

Der letzte Meter, den die Wurzeln noch zum nährenden Lebensquell zurücklegen müssen, erweist sich allerdings als harter Granit. Wie sehr der Baum es auch versucht, das Wasser bleibt seinen Wurzeln versagt. Nach so langer, harter Arbeit ist damit das Schicksal des krummen Baumes besiegelt. Die Sturheit, die ihn so weit gebracht hatte, läutet nun seinen Untergang ein. Bald ist seine Lebenskraft aufgebraucht und die Blätter verdorren an den Zweigen. Ein letztes Mal bündelt der krumme Baum seine Kraft und bildet Samenkörner. Viele von ihnen fallen auf dem Felsen zu Boden und begehen den gleichen Fehler wie ihr Erzeuger. Doch mit etwas Glück erfasst der Wind eines davon und trägt es weit über das Kronendach hinweg – zu einer Lichtung mit ausreichend Wasser und einem passenden Platz an der Sonne. Und ein neuer Baum begrüßt das Leben.

Der kurzsichtige Kapitän

Es gab einmal einen Kapitän. Mutig war er, unerschrocken und mit scharfem Urteilsvermögen gesegnet. Wie kein Zweiter beherrschte er Steuer, Wind und Gezeiten. Die Piraten fürchteten ihn und die Händler vertrauten ihm ihre wertvollste Fracht an. Er war jemand, der stets sein Wort hielt und dem Meer jedes Mal einen pünktlichen Liefertermin abzutrotzen vermochte. Er kannte jede Küste und ihre Tücken. Ein halbes Leben steuerte er seine Mannschaft umsichtig und wohlbehalten durch Stürme und raue See. Die Matrosen vertrauten seinem Befehl, denn er hatte sie noch nie fehlgeleitet. Bei allem behandelte er sie fair und gerecht. Er feierte und lachte als einer von ihnen und legte seine Kapitänsmütze auch mal zur Seite.

Der Kapitän war auch deshalb so erfolgreich, weil er zwar Fehler machte wie alle anderen, aber meistens kein zweites Mal. Er hinterfragte sich und sein Tun und zog daraus seine Lehren. Regelmäßig fragte er sich, was gut war und was im Argen lag. Wenn unter den Matrosen Unmut aufkam, schenkte er ihnen Gehör; er nahm Rat an, wenn er seine Berechtigung hatte, und schaffte Abhilfe.

Erfolgreiche Jahre reihten sich aneinander wie Perlen an einer Schnur. Irgendwann hatte der Kapitän alle Winkel der Weltmeere erkundet. Seinen Namen sprach man mit Ehrfurcht aus und an den Landestegen stritten sich die Matrosen darum, in seine Mannschaft aufgenommen zu werden.

Mit der Zeit beobachteten die Matrosen jedoch, dass er etwas von seiner Unerschrockenheit verlor. Die Kommandos kamen ihm immer zögerlicher über die Lippen und er gab mitunter Befehle, die für seine Männer keinen Sinn ergaben. Anfangs dachten sie sich nichts dabei. Vielleicht sah er etwas, das ihnen verborgen blieb? Schließlich waren sie mit ihm stets unter einem guten Stern gesegelt. Nun stellten sich seine Befehle so manches Mal als falsch heraus und kosteten das Schiff Fracht und Zeit. Die Händler waren die Ersten, die das Vertrauen in ihn verloren: Ihre wertvollen Güter gaben sie lieber in die Hände zuverlässigerer Kapitäne. Die Matrosen dagegen hielten weiterhin zu dem erfahrenen Seemann. Unter seinem Kommando war so lange der Erfolg mit ihnen gesegelt, dass sie sich verpflichtet fühlten, ihm in dieser unruhigen Zeit beizustehen. Doch am Horizont wollte sich einfach kein ruhiges Fahrwasser auftun. Schließlich fingen auch die ersten Matrosen an, hinter vorgehaltener Hand zu murren. Der Kapitän handelte immer kopfloser. Er sah Riffe, wo keine waren, und steuerte an Untiefen vorbei, die das Schiff zweimal hätte durchfahren können. Es kam vor, dass er Wale mit Schiffen verwechselte und vertraute Küstenabschnitte nicht wiedererkannte, die sie auf ihren Reisen so oft passiert hatten. Ihn schien lediglich zu interessieren, was direkt vor ihm lag. Der vormals so bekannte Name des Kapitäns geriet nach und nach in Vergessenheit. Junge und aufstrebende Kapitäne fingen an, ihn zu meiden, um nicht auch an der Erfolglosigkeit zu erkranken, die sein Schiff befallen hatte.

Vielleicht hätten seine Matrosen das alles sogar ertragen, doch der Kapitän entfernte sich immer weiter von ihnen. Er schloss sich in seiner Kapitänskajüte ein und grübelte über Karten, als könnte er dort sein Gespür fürs Meer wiederfinden, das er so offensichtlich verloren hatte. Wenn selbst langgediente Matrosen, die ihm über die Jahre zu Freunden geworden waren, Zweifel äußerten, deutete er auf seine Kapitänsmütze und drohte ihnen die Peitsche an, sollten sie seinen Befehlen nicht Folge leisten. Bald war die Stimmung an Deck vergiftet und die Matrosen misstrauten ihrem Kapitän. Da kam der Tag des großen Sturms. Der Himmel wurde schwarz wie ein Stück Kohle, die Segel blähten sich. Nun bekamen die Matrosen es mit der Angst zu tun und wollten eine Meuterei anzetteln. Sie waren sicher, dass der Kapitän sie geradewegs in den Untergang führen würde. Lieber wollten sie Verrat begehen, als unter dem Befehl eines Unfähigen ein nasses Grab zu finden.

Da trat der erste Maat vor. Des Kapitäns ältester Weggefährte gab ihm zwei Gläser in einem Gestell, die er über Wochen geschliffen und geputzt hatte. Als der Kapitän es aufsetzte, kehrten all die schmerzlich vermissten Tugenden zurück, die ihn so erfolgreich gemacht hatten. Er konnte endlich wieder klar sehen! Sogleich brüllte er Kommandos wie zu seinen besten Zeiten und ließ die Matrosen neuen Mut fassen.

Zusammen schafften sie es durch den Sturm und das Glück kehrte auf das Schiff zurück. Der Kapitän stand noch ein paar erfolgreiche Jahre am Steuer, bis er sich mit reingewaschenem Namen zur Ruhe setzte. Als er seine Kapitänsmütze an den Nagel hängte, hatte er gelernt, dass es manchmal gut gemeinter Hilfe bedarf, um den richtigen Kurs wiederzufinden. Und sei sie noch so klein.

Der Streit der Zünfte

Heute sehen wir hier eine große Stadt, mit hohem Puls und wenig Zeit. Mit langen Straßenzügen, die in gefüllten Plätzen enden. Doch ihr Anblick entsprach dem nicht immer. Bevor die Stadt anfing, sich wie ein Pilz auszubreiten, sah man am Horizont statt zahlloser Häuserfassaden viel Wald und wenig Wiese. Die heutigen Straßen waren zu aller Anfang nicht viel mehr als von Füßen, Hufen und Wagenrädern freigehaltene Pfade in Wald und Flur. Damals gab es nur eine Handvoll Städte, die das Wort dieser Tage wirklich verdienten. Die Geburtsorte späterer Metropolen begannen einst als Ansammlung von Hütten – auch jene Stadt, auf die sich unser Blick richten will. Während viele solcher Ansammlungen mit der Zeit wieder vom Wald verschluckt wurden, hielt dieser Ort allen Widrigkeiten stand. Er war günstig gelegen, genau in der Mitte zwischen zwei großen Städten. Der angrenzende See bot vielversprechende Fischgründe, während der Wald die nimmersatte Siedlung mit Nahrung und Holz versorgte. Die gerodeten Flächen wurden von den Siedlern urbar gemacht und in Wiesen und Felder verwandelt. Auf dem guten Boden gediehen Getreide und Vieh. Händler auf der Durchreise boten ihre Waren an, brachten neue Erfindungen und Geschichten aus Nah und Fern mit, übernachteten in den Wirtshäusern und ließen Geld in den Taschen der Einheimischen zurück, wenn sie wieder ihrer Wege zogen. So wuchs die Siedlung zu einer Stadt heran, die sich vor ihren Schwestern nicht zu verstecken brauchte. Um den Wohlstand zu halten, bildeten die ansässigen Händler eine Gilde. Sie errichteten ein Handelskontor mit einem Lager und einen Marktplatz. Um die anwachsenden Reichtümer der Stadt vor Banditen zu schützen, befestigten Maurer sie mit einer Steinmauer. Aus den Reihen der Stadtbewohner bildete sich eine Stadtwache, die die Zinnen besetzte. Außerdem bedurfte es Stoff und Wappen, einerseits, um einen entmutigenden Eindruck auf Störenfriede zu machen, andererseits, um der Außenwelt die aufkommende Pracht der Stadt zu zeigen. Während Schuhmacher die Füße der Stadtwache einkleideten, stellten Gerber und Weber Leder, Felle und Stoffe her. Diese verarbeiteten Tuchmacher und Schneider zu wehenden Fahnen, Uniformen und gefütterten Kappen. Schmiede schmiedeten Waffen und Rüstungen für die Verteidiger und Werkzeuge für die Handwerker und Bauern, die das Fortbestehen des Ortes sicherten. Für die geplante Kirche gossen sie eine Kirchenglocke. Die in den Schmelzöfen geschmiedeten Nägel nutzten Dachdecker, Zimmerer und Maurer zum Bau der Häuser, welche die Maler anschließend verschönerten so gut sie konnten. Doch wo Erfolg und Reichtum sprießen, schießen auch Missgunst und Neid aus der Erde. Die Zünfte legten nach und nach einen schützenden Schatten über ihr Wissen. Sie behielten ihre Ideen für sich, statt sie miteinander zu teilen und dadurch vielleicht den Grundstein für eine der großen Erfindungen ihres Zeitalters zu legen.

Fehlender Austausch lässt keinen Raum für Weiterentwicklung, sondern schafft Ideen, die ohne gemeinsamen Anstoß ungelebt verkümmern. Ohne gelebte Ideen stockte das Wachstum der sonst so fortschrittlichen Stadt. Die Zünfte hatten das Scheinwerferlicht des Erfolges kennengelernt, welches umso heller strahlt, je weniger es mit einem teilen. Während die anderen zumindest die grundlegende Notwendigkeit der Zusammenarbeit und ihren Nutzen anerkannten, fanden die Zünfte der Maurer und Zimmerer keinen Frieden. Beide rühmten sich des Verdienstes, die besten Baumeister hervorzubringen.

Über die Jahre und mit jedem Haus, das sie gemeinsam fertigstellen mussten, nahm die mit abschätzigen Bemerkungen vorgetragene Abneigung immer mehr Gestalt an und gipfelte schließlich in tief verwurzelter Verachtung, die eifrig gepflegt wurde. Beim anstehenden Bau der Kirche, dem zukünftigen Wahrzeichen und Zentrum der Stadt, wollten sich beide Zünfte gleichermaßen durch ihre Kunstfertigkeit hervortun. Sie stritten um das Zepter der Vorherrschaft und überboten sich mit den gewagtesten Plänen, während sie sich nicht einmal in der grundlegendsten Frage einigen konnten: der nach dem Material. Die Maurer vertrauten in beständigen Stein, hart und unverwüstlich. Die Zimmerer setzten hingegen ihr Vertrauen in vergängliches Holz, biegsamer und anpassbar in Form und Farbe. Zwei so unterschiedliche

Baustoffe, dass sich weder die Maurer noch die Zimmerer auch nur im Entferntesten vorstellen konnten, sie miteinander zu verbinden. Holz und Stein zu mischen war ihnen sogar ein noch größerer Frevel als einer an Kirche oder Moral. Vor Vollbringung des ersten Hammerschlages hatten sich die beiden Zünfte bereits im Netz eines unlösbaren Streites verfangen.

Es lag am Pfarrer, den Streit zu schlichten, befürchtete er doch, auch die diesjährige Weihnachtsmessse in einer zugigen Scheune abhalten zu müssen. Zwar fehlte den Bäumen noch ihr Frühlingskleid und des Nachts spürte man die beißend kalte Hand des Winters; trotzdem war Eile geboten, schließlich verlangte eine Kirche nach reichlich Bauzeit.

Da das Wort Gottes ihm der gründende Fels seines Lebens war, beauftragte der Pfarrer die mit Gestein bestens vertrauten Maurer, sich der Aufgabe allein anzunehmen. Für die Glücklichen war es die einzig logische Entscheidung, denn ein für Jahrhunderte erdachtes Denkmal baut man nun einmal aus verlässlichem Material. Der Pfarrer sprach mit der Stimme des Herrn, also fügten sich die Zimmerer und zogen murrend von dannen. Die Maurerzunft dagegen sah die einmalige Chance, den Wettstreit ein für alle Mal für sich zu entscheiden.

Die Maurer bauten die Kirche aus weißem Stein, der in der Sonne strahlte und schon von Weitem den Blick einfing. Große Bogen- und Rundfenster sollten das Licht hereinlassen. Den Altar ließen sie von Steinmetzen aus einem Marmorblock schlagen. Sie fertigten steinerne Sitzbänke und versuchten sich sogar an

Heiligenskulpturen. Reliefs verzierten den Eingang des Gotteshauses. Die ersten Ergebnisse gerieten derart vielversprechend, dass sich der Pfarrer bereits auf das nächste Weihnachtsfest freute. Bereits zwei Monaten nach Baubeginn überragte der Glockenturm die Wehrmauern. Die Decke gestalteten die Maurer in Form von Kuppeln, doch ihr Meisterstück hatten sie für das Dach vorgesehen. Auch hier wollten die Maurer niemand anderen Hand anlegen lassen. Statt das Dach wie üblich von Dachdeckern mit Stroh und Holz decken zu lassen, stellte die Maurerzunft steinerne Ziegel aus Schiefer her. Bald wollten sie die Kirchenglocke in den Glockenturm heben und ihr Meisterstück wäre vollbracht. Schon jetzt waren die Maurer mit ihrem steinernen Monument zufrieden und glücklich mit der Gewissheit, dass ihnen im Schattenwurf des brillanten Werkes niemand mehr den Titel der besten Baumeister der Stadt streitig machen konnte.

Ein von der schieren Größe unbeeinflusster Geist hätte den steinernen Bau vielleicht als leblos und die kalten Steinbänke als unangenehm empfunden; trotzdem war die Kirche ein Kunstwerk, das seine gewünschte Wirkung nicht verfehlte. Reisende, die die Kirche und den Altar von reinem Weiß zu Gesicht bekamen, schwärmten zu Hause von ihrer Schönheit, von den Skulpturen, den Steinmetzarbeiten und dem Dach aus Steinziegeln. Bald erregte die Kirche über die Grenzen der Nachbarstädte hinaus Aufsehen und die Leute kamen von überallher, um sie zu bestaunen oder um sich etwas von der erlesenen Technik der Maurermeister abzuschauen.

Doch das für Jahrhunderte geplante Bauwerk währte

nicht lange. Vielleicht hätte die Maurerzunft es verhindern können, denn die Dachdecker hatten sie gleich zu Anfang vor dem zusätzlichen Gewicht gewarnt, das nun auf den Säulen ruhte. Eingenommen von ihrem Können waren die Maurer aber bei ihrem gewagten Plan geblieben. Nach außen hin wirkte der Steinbau stark und stabil, obwohl er in Wahrheit auf wackeligen Füßen stand.

In der Stille der Nacht erschütterte ein Erdbeben die Stadt. Es war nicht mehr als ein Rumoren im Inneren der Erde – trotzdem weckte ein lautes Krachen die Stadtbewohner aus tiefem Schlafe. Im ersten Licht des anbrechenden Morgens lag das Meisterwerk der Maurer in Trümmern. Ein kleiner Stoß hatte ausgereicht, um die tragenden Säulen unter ihrer Last bersten zu lassen. Nur der Marmoraltar war wie durch ein Wunder unversehrt geblieben.

Die Maurer witterten sofort eine Verschwörung und sahen den Auslöser für das Unglück im Neid der Zimmerer begründet. Wie sonst war zu erklären, dass rundherum kein anderes Haus auch nur einen Riss davongetragen hatte? Die Zimmerer wiederum erkannten in dem Zusammensturz die deutliche Botschaft, dass das Haus eines lebendigen Glaubens aus ebenso lebendigem Holz und nicht aus Stein gebaut werden wollte. Der Pfarrer hatte nicht die Muße, sich um göttliche Zeichen Gedanken zu machen. Er hatte ein großes weltliches Problem zu lösen: Er musste sich überlegen, wie das Weihnachtsfest in einer richtigen Kirche noch zu retten war. Der Sommer wirkte zwar wie ein nie enden wollendes Versprechen, doch die Zeit näherte sich, da dieser zur Neige gehen und sich die Blätter färben sollten.

Da versprach die verschmähte Zimmererzunft dem Pfarrer, dass der enge Zeitplan für sie mit Leichtigkeit einzuhalten sei. Mit Holz arbeitet es sich nun mal schneller als mit eigensinnigem Stein.

Dieses Mal war es an den Maurermeistern, das Feld zu räumen, während die Zimmerer frisch ans Werk gingen. Sie trugen alles bis auf den letzten Stein ab. Nichts sollte mehr übrig bleiben vom Werk ihrer Konkurrenten. Einzig den weißen Marmoraltar ließen sie stehen – und das auch nur, weil er dem Pfarrer so gut gefiel.

Ein jeder Zimmermann der Stadt unterbrach seine Arbeit und legte mit Hand an. Es dauerte nicht lange, bis die hölzerne Kirche in ihren Grundzügen stand. Die Zimmerer verwendeten helles Birkenholz für die Wände und Kirschholz für die große Eingangstür. Aus der Ferne wirkte der Bau schlichter und weniger anziehend als die blütenweiße Kirche aus Stein, doch die Verzierungen und Skulpturen, die die Zimmerer im Inneren erschufen, waren um einiges detailreicher und filigraner als die aus behauenem Stein. Die Kirchbänke bekamen geschnitzte Seitenstützen und die Decke sollte mit Stuckarbeiten versehen werden. Über allem lag der harzig-wohlige Geruch, den das Holz verströmte.

Die Zimmerer hatten aus dem Fehler der Maurer gelernt und überließen es den Dachdeckern, das Dach mit leichten Holzscheiten und Stroh zu decken. So konnten sie sich um das Herzstück ihrer Arbeit kümmern: ein Kreuz aus schwarzem Ebenholz und eine Jesusfigur, die mit einer Dornenkrone aus Bernstein gekrönt war. In ihrem Streben, den steinernen Altar in den Hintergrund zu rücken, fügten die Zimmerer zwei Rundfenster ein, die jeweils nach Osten und Westen zeigten. Dadurch fiel das Sonnenlicht morgens und abends auf das Kreuz über dem Altar und ließ die Dornenkrone aus Bernstein erstrahlen. Reisende berichteten nun von dem Ebenholzkreuz, der funkelnden Krone und den zahlreichen Schnitzereien. Ein weiteres Mal stand die Fertigstellung der Kirche kurz bevor und dieses Mal war es an den Zimmerern, sich als Sieger des eigens ausgerufenen Wettstreits zu erklären. Nur die Glocke stand noch zwischen ihnen und dem seligen Wunsch, zu den Gewinnern zu zählen. Siegestrunken riefen sie zu einem Fest und wollten sie am nächsten Tag unter dem Jubel der Städter in den Kirchturm befördern. Nur noch letzte Arbeiten wollten erledigt werden und die Glocke wartete bereits im inneren der Kirche. Verständlicherweise waren die Zimmerer guter Dinge, denn sie hatten alles getan, die Fehler der Maurer zu vermeiden.

Doch erneut hing die Glocke noch nicht im Kirchturm, als bei einem der vielen Sommergewitter ein Blitz in das hölzerne Dach fuhr. Der Wind tat sein Übriges und schon stand der Dachstuhl in Flammen. Die alarmierte Stadtbevölkerung kam zu spät, um das Feuer noch aufzuhalten. Nur das geschnitzte Kreuz konnten sie vor den Flammen retten. Am nächsten Morgen war von der Kirche ein rauchendes Gerippe übriggeblieben. Einige der Zimmerer bezichtigen jetzt ihrerseits die Maurer, am Brand beteiligt gewesen zu sein. Für sie gab es kein besseres Alibi als Blitz und Donner. So standen sich die beiden unversöhnlichen Zünfte vor der abgebrannten Kirche gegenüber und überzogen sich gegenseitig mit Anschuldigungen und Beleidigungen. Einige waren kurz davor, ihren Worten Taten folgen zu lassen, als ihnen der Pfarrer mit gebieterischer Stimme Einhalt bot. Viel zu lange hatte er geschwiegen, nun sah er klar:

Das Erdbeben und der Brand waren keine Launen der Natur, sondern vielmehr die klare Botschaft, dass sich eine Kirche nicht aus einem Guss errichten lässt. Sie entscheidet sich nicht zwischen Stein, Holz oder Metall und will von vielen Händen errichtet werden, die die Baustoffe miteinander verbinden. Und das Wort Gottes bedarf keines prächtigen Hauses, es erklingt in jedem Raum gleich. So entschied der Pfarrer, weiterhin in der zugigen Scheune zu predigen, und drohte den Streitenden ein Weihnachtsfest ohne göttlichen Segen an, sollten sie ihre selbstverliebten Differenzen bis dahin nicht beigelegt haben. Denn einzig ihr Drang nach Geltung sei es gewesen, der das Unglück erst heraufbeschworen hatte. Damit ließ er sie stehen.

Mit seinen Worten schaffte der Pfarrer es, dass die Zimmerer und Maurer über ihr Verhalten nachdachten. Erst fühlten sie sich freilich missverstanden, aber schließlich drang die eigentliche Botschaft zu ihnen vor. Und auch die anderen Zünfte fühlten sich angesprochen, hatten sie doch ihren Teil zum Streit der Zünfte beigetragen.

Am Abend verabredeten die Zimmerer und Maurer ein Treffen, um ihre Zwistigkeiten zu beenden und zu besprechen, ob und wie der Traum von einer eigenen Kirche zur Jahreswende noch Wirklichkeit werden konnte. Sie luden auch die anderen Zünfte ein und waren überrascht, dass ausnahmslos alle erschienen.

Sie hatten endlich ein einendes Anliegen, das nicht dem Zweck des Einzelnen diente, sondern dem der Gemeinschaft.

So saßen sie zusammen und redeten. Natürlich ist aller Anfang schwer. Die ersten Worte kamen ihnen nur vorsichtig und mit einem gewissen Widerstreben über die Lippen. Jahrelanges Misstrauen und ausschweifend gepflegte Ablehnung lassen sich nicht mit einem Fingerschnippen aus dem Weg schaffen. Doch es ging vorwärts, weil ein jeder offen sprach und die eigene Meinung nicht aus falschem Stolz höher schätzte als die des Gegenübers. Auch diejenigen, die vorher argwöhnisch über ihre Fähigkeiten gewacht hatten, teilten sie nun mit den anderen.

Irgendwann hatten sie einen Plan erarbeitet, dem alle zustimmten. Vielleicht gefiel er dem einem weniger als dem anderen, doch sie hatten einen Kompromiss gefunden. Bis spät in die Nacht feilten sie an ihrem Vorhaben und fielen schließlich erschöpft in ihre Betten. Manch einer wachte im Zweifel: Die unbarmherzigen Boten des Winters klopften bereits an die Haustüren und der Plan war gewagt, gewoben mit vielen losen Enden. Andere aber, genügend an der Zahl, schliefen glücklich ein, mit einem seligen Lächeln der Vorfreude auf den Lippen.

Der nächste Morgen war kalt, wie man es von einem ersten Adventstag erwartet. In den Fenstern brannte die erste Kerze von Vieren. Auch in der zugigen Scheunenkirche entzündete der Pfarrer das erste Licht am großen Kranz, der in der Mitte über dem zusammengezimmerten Altar hing. Wie jeden Tag bereitete der Pfarrer seine Messe vor, feilte an seinen Worten und dem belehrenden Blick, den er gleich würde einsetzen müssen. Doch als er schließlich zu seiner Adventsbotschaft ansetzte, war keiner da, um ihr zu lauschen. Man kann sich vorstellen, mit welcher Traurigkeit ihn die leeren Plätze erfüllten.

Ja, er selbst hatte den Streitenden den Eintritt verwehrt. Aber wo war das Handelsvolk geblieben, wo waren die Bauern, die Dorfältesten und diejenigen von Rang und Namen? Waren seine Worte zu hart gewesen? Oder lag der Grund tiefer und die Gräben zwischen den Zünften hatten sich am Ende derart vertieft, dass auch die anderen Stadtbewohner dem Streite erlegen waren?

Enttäuscht spielte der Pfarrer mit dem Gedanken, die Kirche als Zeichen des Protests für die ganze Weihnachtszeit zu schließen. Er wollte gerade die Adventskerze löschen, als ein Geräusch durch die Ritzen der Wände an seine Ohren drang: ein lautes, von aufgebrachten Stimmen begleitetes Poltern. In seiner Vorstellung rissen die Maurer wohl soeben das Zunfthaus der Zimmerer nieder – oder umgekehrt. Da packte den sonst so gutmütigen Pfarrer die Wut: Den Bürgern schien nichts mehr heilig zu sein. Ein für alle Mal wollte er diese Lust am endlosen Streit aus der Welt schaffen, sonst konnte sich diese gottlose Stadt gerne einen anderen Geistlichen suchen. Mit einem Knüppel bewaffnet stürmte er zur Tür hinaus. Doch was er nach und nach zu hören bekam, wollte nicht zu dem Aufruhr passen, den er erwartet hatte. Zum Gepolter gesellten sich das Schlagen von Hämmern und das Summen arbeitender Sägen. Die aufgebrachten Stimmen entpuppten sich als Ausrufe der Freude und die Geräusche rührten alle nicht von einem der Zunfthäuser, sondern von dem Platz, auf dem die abgebrannte Kirche stand.

Neugierig geworden ließ der Pfarrer seinen Knüppel fallen und folgte dem Lärm. Der sich ihm bietende Anblick ließ sein Herz höher schlagen. Trotz der Kälte hatten sich alle Stadtbewohner versammelt. Selbst die Stadtwache hatte ihren Posten verlassen und die wärmenden Kohlebecken mitgebracht, die ihnen sonst die Zeit auf der Mauer erträglich machten. Alle waren sie emsig damit beschäftigt, die verkohlten Reste der Kirche abzutragen. Bauern, Fischer, Metzger und Händler brachten mit ihren Fuhrwerken Stein, Holz, Werkzeuge und reichlich Verpflegung.

Das schönste Bild zum ersten Advent lieferten die Zimmerer und Maurer, wie sie nebeneinander Kelle und Hammer schwangen. Alle sangen, so vereint und lautstark, wie es der Geistliche in seiner Scheunenkirche selten erlebt hatte. Da wusste er, dass seine Sorge unberechtigt gewesen war.

Rückschläge gehören zwar zu jedem Fortschritt dazu und mit der Zeit verfielen die Angehörigen der Zünfte hier und da in alte Muster, doch sie sprachen miteinander und tauschten sich aus, wenn sie meinten, dass etwas geändert werden musste. Sie behandelten einander dabei stets gleichberechtigt. Und so kam es vor, dass ein Zimmerer probehalber die Maurerkelle schwang, während ein Maurer sich mit dem Werkzeuggürtel eines

Zimmerers gürtete.

Das gemeinsame Vorhaben des Kirchbaus ließ sie erkennen, dass sie in vielem gar nicht so verschieden waren. Die Zimmerer erfuhren, dass auch Steine wie Holz wachsen können – und die Maurer, dass sich auch Holz in Stein verwandelt. Alle, die helfen wollten, bekamen ein Werkzeug in die Hand gedrückt, und die Handwerker zeigten ihnen geduldig, wie damit umzugehen war. Einige brachen sogar mit alten Zwängen und wiesen Frauen in ihr Handwerk ein; nur um verwundert festzustellen, dass die Arbeit von Frauenhänden dem Können der Männer in nichts nachstand.

Bald erinnerten keine Mauerreste mehr an die beiden Fehlversuche. Der Pfarrer verlegte seinen Gottesdienst nach draußen und sah zu, wie die neue Kirche wuchs. Die Maurer zogen erneut weiße Steinwände hoch, mit hohen Fenstern an den Seiten und kleinen Rundfenstern, die in alle vier Himmelsrichtungen zeigten. Die Zimmerer gestalteten den Dachstuhl und die Dachdecker deckten das Dach aus festem und doch bis zu einem gewissen Grad biegsamen Holz. Zusammen mit den Maurern entwickelten sie Ziegel aus leichtem Ton und deckten das Dach damit.

Im Inneren trugen Steinsäulen die Kuppeldecke. Die Zimmerer verkleideten die Wände mit Holz, sorgten für Verzierungen und den Stuck an der Decke und schnitzten Skulpturen.

Diesen schenkten die Malermeister einen gewissen Hauch von Leben. Die Tuchmacher gaben ihre erlesensten Stoffe und ihre beste Wolle her und fertigten zusammen mit den Webern und Schneidern

Wandbehänge mit Stickereien und ein Altartuch. Wie durch ein Wunder hatte der Marmoraltar auch die zweite Zerstörung der Kirche überstanden. Sockel und Seitenteile der Kirchbänke meißelten die Steinmetze, dazwischen legte man Eichenbretter. Dafür stellten die Sattler Sitzpolster aus dem Leder her, das die Gerber ihnen schenkten. Die Schmiede steuerten einen großen Kerzenleuchter und silberne Türbeschläge für das große Eingangstor bei, das auch diesmal aus Kirschholz gefertigt war. Und das Bernsteinkreuz nahm wieder seinen Platz über dem weißen Altar ein.

Natürlich musste auch der Pfarrer so prächtig aussehen, wie es die neue Kirche tat. Darum färbten die Färber Stoffe in feinstem Rot. Die Schneider verarbeiteten sie zu Obergewändern und verzierten sie mit Edelsteinen, die die Handelsgilde beisteuerte. Dazu fertigte ihm der Kürschner einen Pelzmantel, sodass der Pfarrer eher wie ein König denn wie ein Geistlicher aussah. Jeder opferte Schlaf, Kraft und Schweiß.

Am vierten Advent wurde schließlich das Unglaubliche Wirklichkeit und die Stadtbewohner hoben am Ende doch noch die Kirchenglocke in den Turm. Sie war etwas angerußt und die zusammenstürzenden Balken hatten eine gute Delle hinterlassen, die sie anders klingen ließ. Die Gemeinschaft mochte den Klang. Er erinnerte sie daran, was sie trotz aller Misstöne zusammen erreichen konnten. So kam der Pfarrer doch noch zu seinem Weihnachtsfest in der eigenen Kirche.

Natürlich endete die besinnliche Zeit irgendwann und bald gab es wieder Zunftmitglieder, die ihre Geheimnisse für sich behielten. Der größte Teil hatte jedoch erkannt, wie viele Vorteile im gemeinsamen Handeln liegen. Bald entdeckten sie auch den Gewinn, der für alle Seiten darin schlummerte. Aus den Zünften der Maurer, Zimmerer und Dachdecker gingen schließlich die ersten Baumeister hervor. Reisende kamen nun, um deren neuen Baustile und Erfindungen zu bewundern. Als Zentrum der Bau- und Handwerkskunst und des Handels wurde die Stadt über Landesgrenzen hinweg bekannt. Geblieben ist sie es bis zum heutigen Tage.

Berge und Schluchten

Es gab einmal ein Land, das war flach wie ein Blatt Papier. Ohne Berge und Schluchten oder Meere, die es trennten. Als die Zeit der Menschen gerade erst angebrochen war, lebten sie mit Pflanze und Tier in friedlicher Eintracht.

Doch bald blickten die ersten Menschen von Sehnsucht erfüllt zu den Wipfeln der Bäume empor und beneideten sie um ihre stattliche Erscheinung und Größe.

Da begannen die Menschen Häuser zu bauen und sich Pflanze und Tier untertan zu machen. Sie bauten ihre Häuser immer höher und machten einen Wettkampf daraus, einander zu übertrumpfen. Jeder wollte den besten Ausblick genießen und blickte missgünstig zu seinem Nachbarn herüber.

Nach einiger Zeit fingen die Menschen an, ihre Häuser zu streichen.

Von jetzt an war es der sehnlichste Wunsch jeden Mannes und jeder Frau, nicht nur das höchste, sondern auch das schönste Haus zu besitzen. Um einzigartig zu erscheinen, wählten sie die ausgefallensten Farben. Bald erstrahlten die Städte wie ein Regenbogen. Doch auch das reichte den Menschen nicht. Sie begannen ihre Häuser mit Buchstaben zu beschreiben. Ein jeder schrieb in großen Lettern an die Hauswände, warum gerade jenes Haus das höchste und schönste sei. Über ihre Haustüren schrieben sie Gedichte. Alle gaben ihrem Zuhause hochtrabende Namen, die doch nichts bedeuteten. Immer ausgefallenere Sprüche zierten die Häuser, bis auch sie in der Masse aus Worten ihren Schneid verloren. Immer mehr musste her, um hervorzustechen.

Trunken von ihrem Sehnen nach Größe, beauftragten nicht wenige die besten Bildhauer und Künstler für Skulpturen von sich selbst im Vorgarten und für verzierte Haustüren, die sich immer seltener öffneten, um Gäste einzulassen.

Als die Menschen merkten, dass man Macht und Ansehen viel besser zusammen erreicht, bildeten sie Gruppen mit Gleichgesinnten. Sie gaben ihren Gruppen Namen und erfanden Wappen und Hymnen. Die Menschen strichen ihre Häuser in den Farben ihrer Gruppen und hissten weithin sichtbar ihre Fahnen. Und sie bauten Gemeinschaftshäuser, wo sich die Gleichgesinnten trafen. Diese sollten nicht nur die höchsten und schönsten, sondern auch die größten Gebäude sein. Sie bauten und bauten und verloren den Blick für alles andere als ihre eigene Bedeutung. Die Städte erschienen nun nicht mehr kunterbunt, sondern geteilt. Rote Häuser standen neben roten, blaue neben blauen, schwarze neben schwarzen und weiße neben weißen.

Wie sollte es auch anders sein, erschienen den Menschen doch die Überzeugungen ihrer eigenen Gruppe als die weisesten und klügsten unter der Sonne. Sie hörten auf, einander zuzuhören und gaben sich immer öfter mit einfachen Antworten zufrieden; machten es sich allzu gemütlich im Schatten des Halbwissens. Nur wenige suchten noch wirklich nach der Wahrheit und zu viele fingen an, ihre eigene zu erfinden.

Um das hart erarbeitete Ansehen innerhalb der Gruppe zu bewahren, versuchten sich die Menschen zu verstellen. Jedes falsche Wort, allein ein falscher Blick reichte aus, die Arbeit von Jahren zunichtezumachen. Vor dem heimischen Spiegel zeigten die Menschen ihr wahres Gesicht, doch sobald sie ihre Häuser verließen, setzten sie ihre Masken aus Gleichgültigkeit auf. Ihre Herzen wurden langsam aber sicher kalt und gefühllos, wie die ihrer steinernen Abbilder. Immer öfter verließen sie ihr geliebtes Zuhause gar nicht erst. Wenn sie es doch taten, blieben sie unter ihresgleichen und mieden jene, die anders dachten. Selbst beste Freunde aus ersten Tagen wurden sich fremd.

Vollends überzeugt von der eigenen Wahrheit und der Rechtschaffenheit ihrer Absichten, schauten die Gruppen bald aufeinander herab. Sie lobten sich selbst in den höchsten Tönen und gaben dem, was sie trennte, mehr Gewicht als dem, was sie einte. Ihr Streben nach Macht und Anerkennung kannte keine Grenzen. Bald reichte es nicht mehr aus, die eigene Größe zu feiern. Also gingen die verschiedenen Gruppen dazu über, einander zu beschimpfen und die anderen schlecht zu machen, um die eigene Gruppe in ein besseres Licht zu rücken. Sie schmierten Lügen und Gemeinheiten an die Hauswände ihrer Gegner. Wieder und wieder. Bald gab es keine Mitte mehr, nur noch schwarz und weiß. Die Menschen führten ihre Streitigkeiten mit harten Worten, begannen Zäune und Mauern zu bauen; im Kopf und mit Stein und Mörtel. Diejenigen, die sich für keine Seite entscheiden wollten, wurden eher als zukünftiger Feind denn als Freund betrachtet. Man zeigte ihnen lieber die geballte Faust statt der offenen Hand. Hässliche Worte standen nun an den Wänden und erklangen in den Straßen. Auch wenn man sie wegwusch und zu vergessen versuchte, blieben sie doch im Geiste geschrieben und brodelten verborgen weiter. Kleine, vereinzelte Missverständnisse führten zu großen und bald zu Streitereien über Grundsätze.

Erschien jede einzelne Streiterei und Beschimpfung für sich allein nichtig und unbedeutend, so waren sie zusammen das laue Lüftchen, das zu einem zerstörerischen Sturm anschwillt. Einmal entfesselt, ließ der Sturm sich nicht wieder einfangen. Die Menschen erhoben die Fäuste gegeneinander und fügten einander Leid zu. Selbst innerhalb ihrer Gruppen wünschten sie sich gegenseitig das Unglück auf Erden und wandten sich voneinander ab.

Als sie eines Tages aufwachten, hatte sich das Antlitz des Landes verändert. Es war nicht mehr flach und eben, sondern voller unüberwindbarer Berge, Schluchten und Meere, die ihre Häuser voneinander trennten. Am nächsten Tag bot sich ihnen derselbe Anblick. So war es auch am dritten und vierten.

Da bereuten es die Menschen, sich voneinander abgewandt und sich selbst wichtiger genommen zu haben als andere. Sie rissen die Mauern und Zäune nieder.

Erfolglos versuchten sie, die Berge und Schluchten zu überqueren und die Meere zu durchschwimmen, um das Gesagte und Getane zurückzunehmen und alte Fehden zu beenden. Doch diese Hindernisse konnten sie nicht einfach niederreißen. Sie ließen sich nicht zurücknehmen wie Worte, die in der Leidenschaft des Augenblicks gefallen sind.

Die Menschen hatten zu lange nicht darauf geachtet, wie sich Risse zwischen ihnen bildeten und stetig größer und tiefer wurden, bis es zu spät war. Berg, Schlucht und Meer blieben den Menschen als Erinnerung daran, wie schnell Gedanken Flügel wachsen und wie schnell sie zu Worten und Taten werden.

So fristeten die Menschen den Rest ihres Lebens allein in ihren hohen, schönen und einsamen Häusern. Während die einen von einer verlorenen Zeit ohne Berg und Tal träumten und sich mühten Brücken zu bauen, suhlten sich andere in vergangenem Kummer und alten Kränkungen. Hass und Leid hatten bleibende Narben im Land hinterlassen. Die Wunden, die sie an Körper und Seele geschlagen hatten, brauchten ein ganzes Menschenleben, um wieder zu heilen. Einige taten es nie.

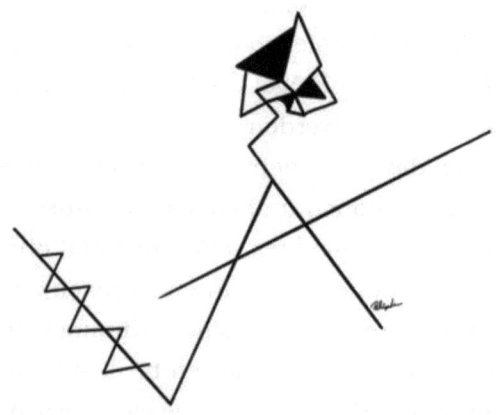

die Blume

Der selbstgerechte Zweifler

Ein Pärchen steht vor einem Zelt aus dickem blauen Tuch. Durch den Stoff dringt eine geheimnisvoll säuselnde Stimme und über dem Eingang hängt ein Schild mit einer großen Kristallkugel. Ein ausgefallener Name verspricht kostbare Einblicke in die Zukunft, im Austausch gegen wenig Zeit und wenig Geld.

Während die Frau unbedingt hören möchte, was die Wahrsagerin zu sagen hat, hält der Mann das alles für ausgemachte Betrügerei. Die Tatsache, dass das Zelt auf einem Jahrmarkt steht, gereicht nicht gerade dazu, sein Vertrauen zu steigern. Doch er möchte ihre junge Beziehung nicht stören und behält seine Meinung für sich. Während seine Verlobte ins Zelt geht, folgt er seiner Nase zum nächsten Süßigkeitenstand und kauft gebrannte Mandeln.

Wieder zurück muss er nicht lange warten, bis sie mit grüblerischer Miene aus dem Zelt tritt. Er bietet ihr seine Tüte Mandeln an und sie schlendern Arm in Arm weiter. Die Frau scheint nicht richtig bei der Sache. Als die beiden am anderen Ende des Jahrmarkts angekommen sind, bittet sie ihren Verlobten, selbst die Wahrsagerin zu besuchen. Er sträubt sich anfangs, doch ihrem Drängen kann er sich nicht lange erwehren. Also verschwindet auch er im Zelt.

Der Geruch von Räucherstäbchen vertreibt den süßen Mandelgeschmack aus seinem Mund. Es dauert etwas, bis er im trüben Licht den niedrigen Tisch erkennt, an dem eine alte Frau mit tiefen Falten auf ihn wartet. Er will es schnell hinter sich bringen, kramt Kleingeld hervor und wartet auf die Vorstellung. Doch statt ihm die Karten zu legen, in seiner Handfläche nach Linien zu suchen oder vage Sprüche von sich zu geben, schaut die Frau ihn nur an. Recht lange. So lange, dass es ihm unangenehm wird. Schließlich spricht sie davon, dass er bald eine Entscheidung zwischen Glück und Unglück fällen müsse.

Der Mann muss ein Lachen unterdrücken, denn er hat sich sein Glück stets selbst erarbeitet – und nichts deutet auch nur im Ansatz darauf hin, dass es nicht so bleiben soll. Sein Leben verläuft in stetig aufsteigenden Bahnen. Neben der bevorstehenden Heirat kann er einen respektablen Studienabschluss und einen guten Lebenslauf vorweisen, gespickt mit Referenzen großer Namen. Sein Können hat er nicht nur schriftlich hinterlegt, er hat es auch geschafft, mit Einsatz und Herzblut aus dem Papier eine erfolgreiche Firma erwachsen zu lassen. Des aktuellen Projektes überdrüssig, spielt er mit dem Gedanken, das Aufgebaute gewinnbringend zu verkaufen, um sich einer größeren Aufgabe zu widmen. Er ist ein Gewinnertyp, ausgestattet mit dem lohnenden Selbstverständnis, dass das Glück am Wegesrand liegt und es nur eines fleißigen Gemüts bedarf, es aufzuheben.

Die Wahrsagerin muss seine Gedanken erraten haben, denn sie entlässt ihn mit einer letzten Mahnung, dass alle Steine am Wegesrand dasselbe Grau an sich tragen und Glück und Unglück manchmal eng nebeneinanderliegen.

Sichtlich erleichtert, hat der Mann die Worte der Wahrsagerin bereits vergessen, als sich der Zeltvorhang schließt. Natürlich will seine Verlobte erfahren, welche Nachricht die Wahrsagerin für ihn bereitgehalten hat, doch er weicht aus und ist froh, als sie endlich Ruhe gibt.

Ein halbes Jahr später sieht er sich endgültig auf der Gewinnerseite angekommen. Er hat eine Anstellung bei einer renommierten Firma gefunden; für ihn ist es nur ein kleiner Zwischenschritt auf dem Weg in die höheren Etagen. Die ersten Wochen sind vielversprechend: Kollegen wie Vorgesetzte loben sein Fachwissen, seine Fähigkeiten und seinen Tatendrang. All das vermittelt ihm das Gefühl, unersetzbar zu sein. Er ist sich sicher, die Firma bald auf Vordermann gebracht zu haben. Seine bisherigen Erfolge haben in ihm das Selbstverständnis wachsen lassen, stets das Richtige zu tun. Zu allem Überfluss eröffnet ihm seine jetzige Ehefrau, dass sie schwanger ist.

Das Glück bestätigt sich: Mit dem Geld, das ihnen der Verkauf der Firma eingebracht hat, nennt das junge Ehepaar bald ein neues Haus ihr Eigen: vier Wände, ein großer Garten, der den zukünftigen Kindern und zugleich zahlreichen Gästen ausreichend Platz bietet. Der baldige Familienvater gibt sich anfangs sehr bemüht um ein gutes Auskommen mit seinen Mitmenschen. Er schenkt den Nachbarn und ihren mal mehr, mal weniger spannenden Gesprächsthemen seine Zeit und hält den Kontakt mit seinen Freunden aufrecht, die ihn oft besuchen.

Doch während sich das Auskommen mit den Nachbarn herzlich gestaltet, seine Ehe, abgesehen von kleinen Nebengeräuschen, prächtig läuft und er sich über die Besuche seiner alten und neuen Freunde freut, gibt es bei der Arbeit ein erstes Hindernis, dem sich der einstige Chef so gut wie nie stellen musste: Widerspruch.

Als Angestellter kann er nicht mehr selbstständig schalten und walten, wie es seine Gewohnheit ist; aus Untergebenen sind Kollegen geworden, die sich nicht davor scheuen, anderer Meinung zu sein. Mit Mühe schafft er es, sich zu arrangieren, doch es bleibt eine schwelende Wunde in seinem Geist die in ihm das Gefühl des Unverstandenen keimen lässt. Und für dieses Gefühl sucht er nach Linderung. Er beginnt, diejenigen gering zu schätzen, die Widerspruch wagen und die Schuld bei ihnen zu suchen. Im Gegenzug stellt er die Aufwiegler in seinen Reihen schlechter, wo es nur möglich ist, und setzt sie dem Gelächter der Kollegenschaft aus. Und er findet Gefallen an dieser erwärmenden Genugtuung.

Auch seine vormals geschätzten Nachbarn und Freunde bekommen seine Wesensveränderung zu spüren: Er sieht nicht mehr die guten Gesten, das offene Ohr und Herz, sondern Schwächen und Mängel, die es aufzudecken gilt, um sich selbst in ein besseres Licht zu rücken. Im Allgemeinen verlangt es ihn immer weniger nach der Gesellschaft anderer. Der Kontakt mit Nachbarn und Freunden verkommt zu einer lästigen Pflicht, die der Anstand verlangt. Kritische Töne nimmt er zusehends persönlich und wiegt ein einzelnes falsches Wort höher als den Zusammenhang, in dem es fällt. Also verwendet er mehr Zeit darauf, Hecken und Zäune zu errichten, als das Gespräch zu suchen.

Die Probleme bei der Arbeit treten immer deutlicher zutage. Er zieht eine imaginäre Mauer aus Selbstsicherheit um seinen Geist und nimmt Kritik nunmehr lediglich an, um sie ohne einen weiteren Gedanken in den Wind zu schlagen und weiter sein eigenes Ding zu drehen. Er geht dazu über, alles seiner Welt unterzuordnen und erdenkt sich eine eigene Ordnung der Dinge.

Es ist die Geburt des ersten Kindes, die dem Mann seinen guten Stern wiederzubringen scheint. Seine Vaterfreuden lassen ihn eine Zeitlang die erlittenen Kränkungen aus der kleingeistigen Umwelt vergessen, doch irgendwann verschaffen auch sie ihm keine Linderung mehr und verblassen im Alltag. Währenddessen bleiben die Probleme bei der Arbeit bestehen, weil der Mann sich nicht ändert.

Der Widerspruch in den Reihen seiner Kollegen will nicht nachlassen, aber der „Unersetzliche" macht sich nicht einmal mehr die Mühe, unter dem Mantel der Mitarbeit Schutz zu suchen, sondern stößt die Kollegen lieber direkt mit seiner Meinung vor den Kopf; gibt sich besserwisserisch, wo er die Zusammenarbeit wagen sollte.

Mit jeder hinzukommenden Kritik klammert er sich mit zunehmender Überzeugung an sein Bild der Welt, bis sich der selbstgerechte Zweifler in einem Anfall von Selbstüberschätzung selbst auf einen Thron der

Allwissenheit setzt, von dem aus er auf alles niederblickt, das seinen Weg kreuzt. Selbst seine Vorgesetzten, die nun auch erste Kritik üben, schaffen es nicht mehr, bis zu seinem Hohen Stuhl vorzudringen. So gerät er unwiederbringlich aufs Abstellgleis.

Auch abseits des Arbeitsplatzes begegnen ihm immer mehr Gegensprecher, die sein eifrig gepflegtes Weltbild ins Wanken zu bringen versuchen. Im Gegenzug bewertet er seine Umgebung zusehends, sondert sich von Dingen und Personen ab, die seinem allwissenden Gemüt nicht in den Kram passen. Zu Nachbarn und selbst langjährigen Freunde, mit denen er das Band der Vergangenheit teilt, bricht er den Kontakt ab, wenn sie seinen Ansprüchen nicht mehr genügen. Irgendwann hat er die meisten von ihnen verprellt und der Postbote ist mit der Einzige, den die Klingel an der Türschwelle meldet. Ihm ist das nur recht. Die eigene Unfehlbarkeit pflegt man nämlich am besten, wenn einen keiner dabei stört.

Auch seiner Frau bringt er immer weniger Wertschätzung entgegen und sagt ihr klipp und klar, wenn er etwas an ihrem Lebensentwurf unpassend findet. Immer wieder streiten sie und schaffen es darüber nicht, sich gemeinsam über das Geschenk eines eigenen Kindes zu freuen. Er macht es sich auf seinem hohen Stuhl bequem und weiß zu allem seine eigene Meinung abzugeben. Sei es zu einem falschen Zeitungsartikel, zu beruflichen Entscheidungen oder politischen Querelen. Allem drückt er seinen Stempel auf und unterzieht es seinem kritischen Urteil.

Seine Vorgesetzten, in seinen Augen nicht mehr als

unfähige Kapitäne eines leckgeschlagenen Schiffes, geben wichtige Aufgaben lieber an andere Kollegen weiter, die vielleicht weniger gebildet sind als er, aber mit der unschätzbaren Fähigkeit gesegnet, Hilfe und Rat anzunehmen. Der „Unersetzliche" muss schmerzhaft feststellen, dass jeder austauschbar ist.

Befeuert durch diese, einem Verrat gleichkommende, Entscheidung, brennt das Licht seiner Selbstherrlichkeit umso heller. Mittlerweile hat er sich derart in sein Netz aus Überzeugung und Zweifel verstrickt, dass nichts es mehr zu entwirren vermag. Er verfängt sich immer mehr in Kleinigkeiten und sucht mit aller Macht in Entscheidungen anderer den letzten Zweifel, den Fehler im Detail, der dazu gereicht, das eigene Bild zu schärfen. An diesem Punkt kennt sein Ego keinen Platz mehr für andere. Die Kündigung ist darum nichts weniger als der natürliche Lauf der Dinge.

Was seine Vorgesetzten und Freunde nicht vermochten, schafft nun die verlässliche und viel zu oft missachtete Stütze, die ihre Wünsche und ihre Karriere so selbstlos hintangestellt hat. Erst in jenem Moment, in dem ihn seine Frau samt Kind und gepackten Koffern verlässt, erinnert sich der Mann wieder an die Worte der Wahrsagerin. Er kommt zu der Erkenntnis, dass er bei der Entscheidung zwischen Glück und Unglück falsch abgebogen ist. Zum ersten Mal hinterfragt er sich selbst aufrichtig und bemerkt, dass er ein Jemand mit Fehlern ist – wie jeder andere.

Er entschuldigt sich bei seinen Vorgesetzten und Kollegen, die ihm eine neue Chance geben. Genauso halten es auch die Nachbarn und aufrichtigen Freunde.

Anders als erwartet machen sie es ihm leicht und behandeln ihn, als sei nichts geschehen. Sie lassen ihm die Chance, Gesagtes zurückzunehmen und die Scherben zusammenzufegen, die er hinterließ.

Allmählich merkt der selbstgerechte Zweifler, dass es besser und weitaus erfüllender ist, wenn man sich selbst Fehler zugesteht und sie auch seinem Gegenüber einräumt.

Auch mit seiner Frau sucht er die Aussprache und bringt alles ins Lot. Er lernt sie wieder als gleichberechtigte Partnerin schätzen, deren Kritik keinen Widerspruch, sondern aufrichtig gemeinten Rat bedeutet, und sieht nicht mehr nur eine Stütze auf seinem Lebensweg. Die beiden merken, dass ihre Lebenspläne gut zusammenpassen, wenn jeder von ihnen auf Kleinigkeiten verzichtet. So kehrt das Glück zu der kleinen Familie zurück und bleibt von nun an ein regelmäßiger, wenn auch nicht ständiger, Gast.

Sandburgen

Man stelle sich vor, der Menschen Los stünde im Sand geschrieben. In zusammengetragenen Sandkörnern, die sich in Abermilliarden zu einem Strand vereinigen. Nun stelle man sich diesen Strand vor. Nähme sich in Gedanken einen geruhsamen Platz, der zum Verweilen lädt, um zu beobachten. So würde man Augenzeuge einer Geschichte, klein und unbedeutend für den einen und doch für den anderen so lehrreich wie Erfahrung an Jahren. Man vermag nicht genau zu sagen, womit sie ihren Anfang nahm. Vielleicht mit eben diesem Strand, noch unbedrängt von Zeit und Hast, genährt vom unendlichen Brodeln der Wellen, die mit beständigem Schmirgel Stein in Sand verwandeln und ihn stets aufs Neue formen. Ein Ort der Ungestörtheit, dessen Ruhe im Getrampel und Geplansche von Kinderfüßen ein jähes Ende findet. Mit kindlichem Ungestüm erobern die kleinen Gestalten sich das friedliche Stückchen Erde, stürzen sich Hals über Kopf in die Fluten und toben um die Wette, ehe es sie erschöpft in den warmen Sand sinken lässt. Die schweren Arme und Beine sind schnell vergessen, als das zurückweichende Wasser der einsetzenden Gezeiten ihnen einen unbekannten Anblick offenbart. Die freigelegten wasserumspülten Sandbänke bilden kleine Inseln, die die Kinder magisch anziehen. Ein jedes nimmt eine davon in Anspruch, gibt ihr einen Namen und regiert sie nach eigenem Gutdünken. Einige geben sich damit zufrieden, wie sie ihre Inseln vorfinden, und lassen sich auf ihnen nieder, um auf das sich scheinbar endlos ausbreitende Meer zu blicken; andere sehen jedoch nur die günstige strategische Lage ihrer Sandbänke, die es auszubessern und gegen das Wasser zu verteidigen gilt. Sie lernen, wie viel Wasser Sand braucht, um fest und widerstandsfähig zu werden, bessern die Ränder ihrer Inseln aus und drücken den Schlamm fest, um dem Wasser so wenig Angriffsfläche wie möglich zu bieten; unterwerfen dabei die Welt ihren eigenen Vorstellungen. Doch all ihre Arbeit ist umsonst, denn mit der Flut verschwinden ihre kleinen Reiche im unnachgiebigen Nass. Also ziehen die Kinder auf festeren Grund um. Am nächsten Morgen sind sie wieder in aller Frühe da, um sich den Strand von Neuem Untertan zu machen. Sei es mit bloßen Händen, ausgerüstet mit Schippe, Eimerchen und Förmchen oder mit ihren Eltern als dienstbeflissene Arbeitskräfte im Schlepptau. An günstiger Stelle beanspruchen sie ihr Stück Land und errichten darauf Wassergräben, Wälle und Mauern, mit der zugedachten Aufgabe, Eindringlinge abzuwehren. Schnell herrscht emsiges Treiben: Eine Verbindung zum Meer möchte gegraben werden, Sand im richtigen Verhältnis mit Wasser zu Mauerwerk verarbeitet und Strandgut zusammengesucht werden, um dem Bauprojekt damit die letzte Stabilität zu verleihen. Sobald die schützenden Mauern der Sandburgen stehen, wollen die Kinder ihrem erdachten Reich auch Inhalt und Richtung geben.

Die Ersten erdenken sich innerhalb der Mauern einen prunkvollen Palast mit großem Thronsaal und einem Herrscher auf hohem Stuhle, von dem die alleinige Macht ausgeht und der seinen Beratern nur zuhört, um dann doch nach eigener Meinung zu handeln. Den Palast wollen sie durch einen zusätzlichen Wassergraben und ein starkes Tor vom restlichen Schloss und den Beherrschten getrennt wissen. Einem Volk, das auf Gedeih und Verderb vom guten Willen des Einen abhängig ist, der seinerseits in ständigem Misstrauen gegenüber den Untergebenen lebt und dieses Misstrauen seinem Erben in die Wiege legt.

Die Zweiten lassen den Thronsaal größer ausfallen, mit kleinen Stühlen, die im Schatten eines großen stehen. Es gibt einen herrschenden König, der seine Stellung nicht seiner Geburt, sondern der Wahl ausgesuchter und vom Leben bevorzugter Weniger verdankt. Diese lassen ihn seine Abhängigkeit stets spüren und entscheiden durch ihn über das Wohl und Weh vieler. Auch hier gibt es Wassergräben und Mauern zwischen den Herrschenden und den Beherrschten, die die streichelnde Hand und die geballte Faust gleichsam fürchten.

Die Dritten denken nicht an Fürsten oder Könige und wollen die Macht vielmehr in den Händen aller wissen. Sie geben ihrem Schloss ein großes Gebilde in der Mitte. Dort sollen durch das gleichberechtigte Volk gewählte Vertreter über das Wohlergehen des Reiches wachen, ohne trennende Wassergräben und Tore. Sie wählen das

Mittel der Verständigung im Kompromiss, der für alle Bewohner gleichermaßen zu gelten hat und ihnen doch Raum gibt, ihr eigenes Leben zu schmieden. Aber auch ohne Barrieren ist es für den einen oder anderen Vertreter ein immer wieder aufkeimender Zwist zwischen dem Wohlergehen des Einen und dem Wohl des Ganzen, dem nur mit wachsamem Blick begegnet werden kann und soll.

Wieder andere erfinden für ihr im Bau befindliches Kunstwerk ordnende Träume und Ziele, deren groß erscheinende Zahl an Anhängern nur Befürworter und Gegner kennt, die rücksichtslos auf Linie gebracht werden müssen, um das große Ideal nicht zu gefährden. Ein Ideal, das den einzelnen Menschen und sein innerstes Streben zur Ordnung ruft und die sprießenden Triebe seines Ichs so lange zurückschneidet, bis sie das Wachstum gänzlich einstellen. Für diese Erbauer ist das Mittel der lauten Stimme und scharfen Zunge das Handwerkszeug der herrschenden Klasse.

Emsig bauen und planen sie und finden für nichts anderes eine freie Minute oder auch nur einen losen Gedanken. Mit den Stunden, die den Kindern in ihrem Fleiß wie Jahre vorkommen, trocknet der Sand aus. Mauern und Wände drohen dem Gesetz der Zeit zu folgen und in Welle und Wind aufzugehen. Darum sind ihre Bauprojekte nie ganz vollendet. Ist eine Stelle gerade fertig, benötigt schon die nächste Ausbesserung, um nicht zusammenzustürzen. So wächst auch der Neid. Eifersucht und Missgunst beim Blick auf das Werk des Nachbarn scheinen zunehmend die einzige Gemeinsamkeit der Kinder zu sein. Damit nicht genug fehlt es nicht nur in ihrem Miteinander, sondern auch beim Bau ihrer Sandburgen an immer mehr. Deshalb lässt der Streit nicht lange auf sich warten.

Mit einer gestohlenen Schippe fängt es an. Dann beginnen die Streitereien um Eimerchen und Förmchen und um das Strandgut als dringend benötigtes Baumaterial. Da natürlich jeder nur den eigenen Anspruch als gerechtfertigt ansieht, ist es mit der Ruhe bald gänzlich vorbei.

Einige schrecken nicht mehr davor zurück, heimlich die Mauern anderer Sandburgen einzureißen, um an Material für die Fertigstellung ihres eigenen Traumes zu gelangen. Natürlich lassen die Bestohlenen dies nicht unbeantwortet und gehen ihrerseits auf Raubzug, um den Verlust auszugleichen. Der erfolgreiche Dieb findet sich an jenem Strand schnell selbst als Bestohlener wieder. Einige gefallen sich immer mehr darin, nicht das eigene Projekt weiterzuverfolgen, sondern das der anderen zu stören. Von dort ist es nicht mehr weit, bis die Kinder alle Heimlichkeit aufgeben und, von purem Rachedurst getrieben, am helllichten Tag die Burgmauern ihrer Kontrahenten niederreißen oder zertrampeln. So zerstören sich die Kinder gegenseitig ihre mühsam erbauten und nie wirklich fertiggestellten Projekte, die doch sowieso nur auf Zeit gebaut waren. Im Takt der nimmermüden Melodie der Zerstörung erfüllen Geschrei und Getrampel den einstmals ruhigen Strand.

Schließlich gehen die Ferien zu Ende und entlassen die Kinder mit nichts als schlechten Gedanken. Dabei hätten sie ihre Kräfte und ihre Fantasie bündeln können, statt lediglich das eigene Projekt im Sinn zu haben. Sie hätten sich ein Reich ausdenken können, in dem für alle Bewohner gleichermaßen gesorgt ist. Mit starkem Fundament und mit Mauern, die den nagenden Wellen und trampelnden Füßen hätten widerstehen können. Etwas Gemeinsames, das zwar nicht die Zeit selbst, aber zumindest ein paar Jahre überdauert hätte. Ein Projekt, dem sie sich alle hätten verschreiben können, um es Wirklichkeit werden zu lassen und dabei den Wert von Freundschaft kennenzulernen. Doch sie hatten sich entschieden, stur ihren egoistischen Vorstellungen zu folgen, um selbst Herren ihrer Burgen zu sein; keinen Nebenbuhler zu akzeptieren und einander zu bekriegen. Die Spuren des Schlachtfeldes, das keinen Sieger kennt, lösen sich indes im Spiel der Wellen schnell auf und die mahnenden Zeichen des Kleinkrieges sind bald verschwunden. Vielleicht bleibt ja etwas in den Köpfen der Kinder hängen, das sie für die Zukunft zu verträglicheren Menschen werden lässt. Menschen, die ihr Gegenüber achten. Auch hier wird die Zeit es zeigen. Allzu oft bleibt der Mensch Zeit seines Lebens ein unvollkommenes Kind, das aus seinen Fehlern nicht zu lernen vermag – bis ihm seine letzten überlegten Momente auf Erden Weisheit schenken und ein anderer unvollkommener Geist seinen Platz einnimmt. Nähme man diese Geschichte als Beispiel, könnte man meinen, der Menschen Los bestünde darin, zu erbauen und zu zerstören. Und trotzdem entdeckt der genaue Betrachter so viel mehr. Zum Guten und zum Schlechten.

Der Spekulant

Es war die Zeit des Aufschwungs, in der Maschinen und Fließbänder Einzug hielten. Eine Zeit der Neuerungen und Verheißungen. Alles schien möglich. Die Menschen dachten nicht nur an das Hier und Jetzt, sondern blickten mit pochendem Herzen in die Zukunft. Und manche investierten in das Morgen. So auch der junge Mann, von dem diese Geschichte berichten soll. Als Sohn eines einfachen Hafenarbeiters geboren und dazu bestimmt, dem harten Lebensweg des Vaters zu folgen, waren seine Chancen auf ein besseres Leben nicht gerade die besten. Er hatte keine der guten Schulen besucht und in seinem jungen Leben außer Armut nicht viel anderes kennengelernt.

Doch er besaß die Gabe, stets um die Beweggründe anderer zu wissen, bevor sie es selbst vermochten und ihre Entscheidungen vorauszuahnen. Diese Gabe ging mit einem natürlichen Gespür für das richtige Handeln und dem unbändigen Willen einher, das eigene Schicksal umzuschreiben. Natürlich blieben diese Begabungen auch von Familie und Freunden nicht unbemerkt und so vertrauten sie ihm ohne einen weiteren Gedanken ihr Geld an, als er sie darum bat.

Von diesem kleinen Startkapital kaufte er sich einen Anzug. Zuerst war er ihm lästig und die Krawatte zwickte, aber er gewöhnte sich schnell daran; schließlich war es die Eintrittskarte zu höheren Weihen. Mit dem restlichen Geld ging er an die Börse, um es zu vermehren. An seinem ersten Tag war er nur ein Unbekannter, der zu viele Fragen stellte und im Allgemeinen nicht so recht wusste, wie er das Durcheinander zwischen Stimmen, rudernden Armen und Geschrei verstehen sollte. Doch er lernte schnell, das Wichtige aus dem Wust an Eindrücken herauszufiltern, und hatte sein Vermögen bald verdoppelt. Er wettete erfolgreich auf fallende und steigende Aktienkurse, denn er schaffte es, stets mehr zu wissen als die anderen. Dem Elternhaus entwachsen, ließ er die ärmlichen Plätze seiner Jugend hinter sich, um in einem besseren Viertel eine Wohnstatt zu beziehen. Doch nicht nur räumlich entfernte er sich immer weiter von seinen Wurzeln.

Sein in die Zukunft gerichteter Blick ließ ihn von mehr träumen. Ein Traum, der schnell so groß wurde, dass er darüber zunehmend die Freunde vergaß, die ihm einst zur Seite gestanden hatten, und lieber in höheren Kreisen verkehrte. Mit dem sich einstellenden Erfolg klopften immer mehr Bessergestellte an seine Tür. Da er nicht mehr mit Menschen Umgang pflegte, die ihm Ehrlichkeit und Moral vorlebten und ihm aufrichtig seine Fehler aufzeigten, verlor er bald seinen inneren Kompass und warf den gebotenen Anstand über Bord. Darum kam es ihm nicht mehr in den Sinn, Familie und Freunden das Geld zurückzuzahlen, das sie ihm so vertrauensselig geliehen hatten. Er investierte es lieber weiter. Immer war da die eine Chance, die ungenutzt verstrich, wenn man dem zögernden Geist den Vortritt ließ.

Waren kaufte und verkaufte er, ohne sie auch nur ein einziges Mal zu Gesicht bekommen zu haben, und jonglierte dabei mit Angebot und Nachfrage. Der Anzug passte ihm zusehends wie eine zweite Haut und er fühlte sich mittlerweile unwohl, wenn er etwas anderes trug, das ihn wieder zu einem Normalsterblichen zusammenschrumpfen ließ. Im Frühjahr handelte er schon mit der Ernte, die erst im Herbst eingefahren werden sollte. Dass er mit dem Hunger der Menschen spielte, kümmerte ihn nicht weiter. Er machte ihn sich sogar zunutze: Ein hungriger Mensch ist schließlich eher bereit, einen hohen Preis zu zahlen, als einer mit vollem Bauch. Das Chaos begrüßte er dabei als Geschenk, aus dem er Profit zu schlagen wusste. Wenn die Zeiten schlechter zu werden drohten, kaufte er denen, die ihr Hab und Gut dringend zu Geld machen mussten, alles zu einem Bruchteil des wirklichen Wertes ab. Wenn hingegen die Zukunft auf einen besseren Ausgang hindeutete, verkaufte er es wieder, mit einem satten Gewinn. Bei all dem blickte er den Käufern und Verkäufern nicht ins Gesicht, sah nicht ihre Sorgen und Nöte, die seine Spekulationen verursachten, sondern versteckte sich hinter Stift und Papier. Selbst aus den Kriegen und Konflikten seiner Zeit machte er ein lohnendes Geschäft. Im Verborgenen unterstützte er jene Partei aus der anonymen Ferne mit Krediten, die auf dem Papier auf der Gewinnerseite stand, und scheute auch nicht davor zurück, die Seiten zu wechseln, wenn es sich für ihn lohnte. All sein Handeln war auf die Zukunft ausgerichtet – und die schien ihn immer wieder zu belohnen. Bald war er so vermögend wie ein Mann von Adel und wollte auch als solcher behandelt werden. Warum auch nicht? Er hatte sich in jungen Jahren an der Börse einen Namen gemacht. Hatte sich in einen erfolgreichen Mann verwandelt, den viele zu Rate zogen, um im Kielwasser seines Erfolges zu schwimmen. Doch es gab immer eine Kleinigkeit, einen für sich gesehen unwichtigen Gesichtspunkt, der das große Ganze in anderem Licht erscheinen ließ und den er tunlichst verschwieg. Sorgsam gehütete Geheimnisse waren für ihn die Munition in einem Revolver, die er denjenigen in den Rücken trieb, die seinem Erfolg zu nahe kamen – oder die ihm schlicht und ergreifend im Weg standen.

Natürlich musste er nun, seinem neu erlangten finanziellen Stande entsprechend, dies auch nach außen hin deutlich machen. Das Haus, in dem er wohnte, kam ihm mittlerweile wie eine billige Absteige vor. Er träumte von einem größeren Heim mit mehr Glanz innerhalb der vier Wände.

Bald hatte er durch die Spekulation mit der Zukunft genug verdient, um sich seinen lang gehegten Traum erfüllen zu können:

Er wollte eine Villa im Grünen, so prächtig wie die Sommerschlösser vergangener Könige, mit Grundbesitz und einem eigenen Jagdrevier, und das alles in einer Größe, die seine adeligen und vermögenden Bekanntschaften Ehrfurcht lehren sollte. Fernab der Stadt sollte die Villa gelegen sein, sodass die Anreisenden mit jeder zusätzlichen Minute, die die Fahrt in Anspruch nahm, nur noch mehr beeindruckt wären. Irgendwann hatte er den passenden Ort gefunden, weit entfernt von der Stadt und ihren Vororten, mit einem angrenzenden Wald und weitläufigen Wiesen in der Nähe der belebenden Küste. Es war ein brach liegendes Stück Wildnis mit sumpfigem Grund, doch das störte ihn nicht weiter, denn er sah das Potenzial, das darin schlummerte. Mit Entwässerungsgräben ließ er das Land trockenlegen und eine Allee zu seiner im Bau befindlichen Villa pflanzen. All das bezahlte er mit der Aussicht auf das Morgen. Er zahlte den Bauherren das doppelte des ohnehin astronomischen Preises, damit sie Tag und Nacht arbeiteten, denn er war schnellen Erfolg gewohnt und hatte vergessen, was Geduld bedeutete. Wie sich Armut anfühlte, hatte er lange schon aus seinen Gedanken verbannt, also kümmerte ihn der Mehrpreis nicht.

Als seine Villa mit der Pracht des Neuen erstrahlte, lud er all seine reichen Bekannten zu einer großen Feier. Aber auch diese wusste zu enttäuschen, gaben sich die geladenen Gäste doch nur kurz höflich beeindruckt, um sich dann wieder im Glanz der eigenen Herrlichkeit zu sonnen.

Immer noch gaben ihm die Adeligen und altreichen Familien das Gefühl, dass er nicht dazugehörte. Er hatte nur eine Eintrittskarte in ihre Welt gekauft, an ihrem Tisch sitzen ließen ihn die höheren Kreise trotzdem nicht. Etwas fehlte noch zur Vollendung.

Schließlich heiratete er eine Frau von adeligem Stande, mit dem Versprechen ihres guten Namens, in der Hoffnung, eines Tages Profit daraus zu schlagen. Eine Entscheidung, getroffen ohne Sympathie, als

Weichenstellung auf dem Weg zum nahen Ziel. Seine Wetten auf die Zukunft hatten sich so oft ausgezahlt, dass er sich anmaßte, dies auch auf die Beziehung zwischen Menschen übertragen zu können. Dies schien sich auch hier auszuzahlen, denn seine junge Frau schenkte ihm bald eine Tochter und einen Sohn.

Doch irgendwann musste auch der erfolgreiche Spekulant die Erfahrung machen, dass die Zukunft sich längst nicht so berechenbar darstellt, wie er immer dachte.

Seine so prächtig erdachte Villa versank im Boden, denn die Entwässerungsgräben und harte Arbeit änderten nichts an der Tatsache, dass das Meer an die Küste drückte. Auch sonst lernte er Enttäuschungen kennen.

Seine Ehe, so hoffnungsvoll begonnen, scheiterte an der Gegenwart. All die manierlichen Sätze und gestellten Gesten, die von hohem Stande zeugten, verdeckten nur anfangs, dass es zwischen ihnen nichts zu sagen gab. Ihre Ehe bestand nunmehr aus zwei unterschiedlichen Polen, die sich auf nicht mehr als ein neutrales Miteinander einigen können. Die Eheleute bewohnten die entgegengesetzten Flügel der weitläufigen Villa und lebten – abgesehen vom gemeinschaftlichen Abendessen, der Erziehung der Kinder und gesellschaftlichen Terminen, die ihrer beider Anwesenheit erforderten – in getrennten Welten.

Die edlen Kreise, in die er durch die Heirat aufzusteigen gehofft hatte, blieben ihm auch nach Jahren des Einsatzes verschlossen. Er saß nun zwar am gleichen Tisch und war in ihren gehobenen Logen zu finden, wenn er mit seiner Frau die Oper besuchte, trotzdem blieben die Reichen und Hochwohlgeborenen in ihrer Höflichkeit so abweisend wie zuvor, belächelten den Emporkömmling im Geheimen und trugen das Wort „Hochstapler" auf den Lippen, wenn sie ihm begegneten. Er hatte sich einen adeligen Namen erkauft, doch seine Herkunft ließ es sie nicht vergessen.

Selbst seine Investitionen bereiteten ihm immer wieder Rückschläge. Unvorhergesehene Wendungen schlichen sich ein, denn auch der sonst umsichtige Spekulant machte Fehler und übersah wichtige Informationen. Während Rückschläge für die meisten zum Leben dazugehören, nagten sie an einem Mann, der sich selbst über Erfolg definierte – besonders weil er damit im Allgemeinen über alle Maßen verwöhnt wurde. Um nicht zu viel über seine finanziellen Fehlschläge nachdenken zu müssen und den Eheproblemen aus dem Weg zu gehen, die mit jedem unausgesprochenen Wort größer wurden, ergab der Spekulant sich umso mehr seiner Arbeit.

Doch hinter jeder Entscheidung lauerte von jetzt an der Zweifel. Der trittsichere Spekulant war einmal gestürzt; anstatt wieder aufzustehen und weiter seines Weges zu gehen, fürchtete er nur den nächsten Sturz und ging bedachter und zögerlicher durchs Leben. Nun verfolgte ihn die Zukunft, die einst sein großes Versprechen gewesen war. Die Vorstellung, bei Nachforschungen einen Fallstrick zu übersehen oder mit den herausgefilterten Informationen eine falsche Entscheidung zu treffen, wurde ihm zunehmend unerträglich. Er begab sich auf die Suche nach den

Gründen für seine Fehlinvestitionen, kramte längst abgewickelte Geschäfte wieder hervor, um sie unter dem Anstrich des Zweifels neu zu bewerten.

Es schien ratsam, die Vergangenheit zu befragen, denn sie war ihm nun die einzig verlässliche Wahrheit, welche er in der Zukunft nicht mehr finden konnte.

Gewinn war nicht länger sein Streben. Oberste Aufgabe war es nun, das erlangte Vermögen zu verwalten. Er ging immer weniger Risiken ein und machte nur noch Geschäfte, die an erster Stelle Beständigkeit versprachen. Sein Geld legte er in Ländereien und Wäldern an, im Getreide auf den Feldern und in den Rechten an Wasser und Rohstoffen im Boden. In alles, was der Mensch zum Leben braucht, und in die rohen Treibstoffe von Wirtschaft und Wohlstand, deren Nachfrage nie zu sinken scheint.

Da sich ohne Mut zur Tat wenig entwickelt, wandten sich viele von seinem einst hell strahlenden Stern ab. Sein angekratzter Ruf kümmerte ihn indes immer weniger, lebte er doch zunehmend in der Vergangenheit und kramte in den Erinnerungen der Weltgeschichte. In dem ganzen Wirrwarr aus Fakten und berichteten Geschehnissen suchte er nach Hinweisen auf die Gründe seiner Fehlinvestitionen.

Der Richtungswechsel von der hell scheinenden, verheißungsvollen Zukunft hin zur im Dunklen liegenden, warnenden Vergangenheit schien sich mal wieder auszuzahlen. Der Spekulant war zwar nicht mehr nah am wilden Herzschlag des Geldes zu finden, der neben Reichtum auch Ansehen bietet, doch seine Fehlschläge nahmen ab. Wenn er etwas verlor, verhielt sich der Verlust so gering, dass ihn der Gewinn aus lohnenden Geschäften das mit Leichtigkeit verschmerzen ließ. Die Vergangenheit lehrte ihn Fehler, ohne dass er sie selbst schmerzhaft machen musste. Vielleicht lag es auch einfach daran, dass er dank all der Vorsicht weniger Geschäfte machte als noch in seinen unbekümmerten Tagen. Sogar seine totgeglaubte Ehe belebte sich. In seiner Begeisterung für die Vergangenheit fand er endlich eine Gemeinsamkeit mit seiner Frau. Mit einem Mal verbrachten sie Stunden im vertieften Gespräch, lasen zusammen Bücher und gingen in Museen, die etwas von dem Vergangenen aufbewahrt hatten.

Die Jahre hielten Einzug und ließen sein Haar grau werden. Mit der Zeit bekam jedoch auch seine Lobpreisung der Vergangenheit erste Risse:

Er merkte, dass Leute sich die Vergangenheit zurechtbogen; sie hier aufhellten und dort abdunkelten, wie es ihnen passte – um sie als Grund anzuführen, dieselben Fehler wieder und wieder zu begehen. Schließlich schreit die Vergangenheit nicht auf, wenn man sie verdreht, sie ist längst vergangen. Nur das Papier ist geblieben. Wer darin die Bestätigung für etwas sucht, kann für sich entscheiden, mit welcher Stimme oder welchem Sinn er ihre verhallenden Worte liest – und auf welche Art und Weise er sie als Schild gegen die Meinung anderer gebraucht.

Er beobachtete, dass Menschen sich die geordnete Vergangenheit zurückwünschten; ergründete, dass die Adeligen, in deren Kreis er aufsteigen wollte, sich durch seinen Reichtum und die zunehmenden Rechte des gemeinen Volkes nur bedroht sahen. Vielleicht hätte er erkennen müssen, dass jenes verbissene Festhalten an der Vergangenheit die Sonne verdunkelt, die auf die Saat einer guten Zukunft scheinen soll. Doch seine Geschäfte liefen reibungslos und die Vergangenheit schaffte es immer wieder, ihn mit einer Erkenntnis zu überraschen. Seine Begeisterung überwog die aufkommenden Zweifel. Er ging weiter seinen Geschäften nach, ohne sich von ungemütlichen Gedanken beirren zu lassen. So hielt er es weiterhin, bis er sich in den Ruhestand verabschiedete – in einem Alter, von dem sein Vater nie zu träumen gewagt hatte.

Die Kinder waren dem elterlichen Hause entwachsen, also machte er mit seiner Frau eine Weltreise, um auf den Spuren der Vergangenheit zu wandeln. Sie besuchten große Städte, die durch den Handel reich geworden waren, und sahen sich an Weltwundern satt. All das mit dem Luxus reich begüterter Menschen.

Eines Tages machten sie eine Safari. Wie sollte es auch anders sein, wollte der Mann, der auf Jahre die Börse als Raubtier heimgesucht hatte und sich selbst als den obersten Vertreter der Nahrungskette ansah, einen prächtigen afrikanischen Löwen erlegen. Es war ein heißer Tag. Schon früh am Morgen flirrte die Luft in der Glut, die von oben herniedergeschickt wurde. Sie bekamen keine Löwen zu Gesicht, denn die Tiere hatten sich im kühlenden Dickicht verkrochen. Das Land war vom ausbleibenden Regen ausgedörrt und die Flussläufe unterschieden sich nur durch die Skelette toter Fische vom trockenen Grund. Der ortskundige Führer wusste das Ehepaar und seine Schar an Dienern und Köchen jedoch zu einer versteckten Quelle in den Felsen zu führen. Während die Diener an der nächstbesten Stelle die Zelte aufbauten, die Köche Feuerholz für das abendliche Festmahl sammelten, machte seine Frau es sich im Schatten bequem. Der Spekulant selbst stieg zu seinem Führer ins Auto. Er wollte die Suche nach seiner Trophäe noch nicht verloren geben. Einige Kilometer die steinige Piste entlang, kamen sie an einer Gruppe junger Mädchen vorbei. Sie hatten einen Esel dabei, der Wasserkanister schleppte. Ein abgemagertes, klappriges Tier, auf dessen Rippen die Armut des ganzen Landes gezeichnet war. Die traurige Gestalt konnte nicht alle Wasserkanister schleppen und so mussten auch die Mädchen in der entmutigenden Gluthitze Kanister tragen. Selbst das kleinste Mädchen der Gruppe hielt einen an ihre Brust gepresst. Der Spekulant wusste auch ohne den Führer zu fragen, dass sie von der versteckten Quelle kommen mussten. Schnell hatten sie sie überholt und der Spekulant musste den Anblick nicht mehr ertragen; schon legte sich der aufgewirbelte Staub über die Zurückgelassenen.

Zu anderen Gelegenheiten hätte er ihr Schicksal vielleicht übersehen, aber beim Anblick eines jungen Menschen, dem die Zukunft gehören sollte und der doch in dem natürlichsten Gut auf Erden allen Reichtum sieht, konnte sein Gewissen nicht mehr schweigen. Als der Führer ihm auf seine Nachfrage hin antwortete, dass der Weg zum Dorf zu Fuß bis zum frühen Mittag dauerte, bekam er all die Bilder nicht mehr aus dem Kopf:

Fischskelette auf ausgedorrtem Grund. Der magere Esel, dem es an dem Getreide fehlte, mit dem er spekulierte. Mädchen mit eingefallenen Schultern, die sich um jeden Tropfen von etwas sorgten, das er sonst kaufte und verkaufte, ohne groß Gedanken daran zu verschwenden.

Da tat der Spekulant etwas ganz Unerwartetes. Etwas, das nicht seinem Vorteil diente. Er ließ den Fahrer umdrehen und die Wasserkanister in den Wagen laden. Er selbst stieg aus und machte sich zu Fuß auf den Weg zurück ins Lager, während der Fahrer Mädchen, Wasser und selbst den klapprigen Esel in den Wagen lud, um sie in das Dorf zu fahren. Während seines Rückweges dachte der Spekulant über seine Taten und Geschäfte nach. Er betrachtete die Welt und all die Geschehnisse, die tagtäglich passierten, aus der Sicht eines alten, weisen Beobachters und nicht aus der Sicht einer handelnden Person.

Ihm wurde bewusst, dass entweder die Zukunft oder die Vergangenheit die Gegenwart fraß. Genauso wie die Gegenwart kopflose Entscheidungen traf und immer wieder die gleichen Fehler beging, weil sie den Blick fürs Ganze verlor. Weil sie den Blick für das Davor und Danach vergaß oder willentlich übersah, um sich nicht hinterfragen zu müssen.

Ihm wurde bewusst, dass Wenige mit dem Leid und den Entbehrungen Vieler Gewinn machten. Wie mit diesem Land, das er gerade bereiste.

Die Vergangenheit hatte es als Ersatzteillager für den Aufschwung missbraucht. Er gab sich nicht der Illusion hin, dass dies in der Zukunft anders werden sollte, wenn nicht jeder Einzelne einschritt und tat, was er konnte, um anderen dabei unter die Arme zu greifen, die immer noch lebendige Vergangenheit abzustreifen. Man musste im Hier und Jetzt unter Gleichen eine Hand reichen, um anderen und damit auch sich selbst eine gute und gerechte Zukunft zu ermöglichen.

Als er mit schweißnassem Hemd wieder im Lager auftauchte, begegnete seine Frau einem veränderten Mann und war froh darüber. Denn auch sie trug seit Längerem die gleichen Gedanken mit sich herum. Zusammen spendeten sie dem Dorf einen Brunnen und halfen auch sonst, wo sie konnten. Nicht von oben herab, sondern auf Augenhöhe. Die Dorfbewohner spürten ihre ehrlichen Absichten und wollten den Gästen ein Festessen zubereiten, obwohl sie selbst so wenig hatten. So teilten der Spekulant und seine Frau mit den Dorfbewohnern, Köchen und Dienern ihren reich gedeckten Tisch. Und der alte Spekulant spürte zum ersten Mal die tiefe Zufriedenheit der guten Tat. Schließlich ist Geben stets seliger als Nehmen.

Jenen Flecken Erde vergaßen die beiden ihren Lebtag nicht wieder. Sie setzten sich auch noch für sein Wohlergehen ein, als sie längst die Heimreise angetreten hatten. Wieder auf heimischem Boden angekommen, machte der Spekulant seinen Rücktritt von der Finanzwelt rückgängig und kehrte zurück an den Schmelztiegel von Vermögen und Verlust. Doch sein Auftrag war jetzt ein anderer. Er sah sich nicht mehr als Raubtier, das am Wasserloch nach der aussichtsreichsten Beute späht, sondern als fürsorglicher Gärtner, der an passender Stelle einen Samen pflanzt, um ihn zu einem ergiebigen Baum heranzuziehen. Einem mit widerstandsfähigen Wurzeln, die in einem Boden aus

Jahrhunderten Halt finden, und mit einem starken Stamm. Ein Baum, der die Zukunft in seiner Krone trägt und im Hier und Jetzt jedem Bedürftigen Schatten und Nahrung verspricht. Von nun an schloss der Spekulant nur noch dann ein Geschäft ab, wenn Käufer und Verkäufer einen Vorteil daraus zogen. Er gab kleine Kredite mit niedrigen Zinsen, damit Menschen sich eine Existenz aufbauen und bewahren konnten. Auch diejenigen, die ihm selbst einst den Weg bereitet hatten, bedachte er endlich mit jener Dankbarkeit, die sie so lange vergebens eingefordert hatten. Er suchte wieder den Kontakt zu seinen Wurzeln und stand Familie und Freunden mit Rat und Tat zur Seite. Und er ging noch weiter, war ihm doch klargeworden, dass aus zu viel Armut und zu wenig Reichtum nichts Gutes entstehen kann. Einen Teil seines Gewinns spendete er der Gesellschaft. Auch bei seinen Kollegen versuchte er das Selbstverständnis einzuführen, die Gesellschaft als Nährboden und Voraussetzung des eigenen Wirkens zu sehen und sie im Gegenzug am eigenen Erfolg teilhaben zu lassen. Wenn auch nicht alle dieses Selbstverständnis übernahmen, kamen doch einige der eingefleischtesten Jünger des Kapitals zur Einsicht und folgten seinem Beispiel. So leistete der Spekulant seinen Beitrag dazu, dass Krankenhäuser für alle entstanden, vom Müllkehrer bis zum Fürstensohn; ebenso Wohnungen für die Mittellosen und Schulen, die darum bemüht waren, allen die gleichen Zukunftschancen zu bieten. Am Ende seiner Tage blieb dem Spekulanten die Lektion, dass ein Haus der Gegenwart Fundament und Stützen braucht, um zu bestehen. Zufrieden konnte er Abschied nehmen, selig im

Wissen, Vergangenheit und Zukunft doch noch in der Gegenwart versöhnt zu haben.

Das diamantene Gleichnis

Im Halbdunkel und mit rhythmischem Schlage löst die Spitzhacke Gestein aus der Höhlenwand: Allesamt große graue Brocken. Sie werden so lange gewaschen, zerkleinert und von Unreinheiten befreit, bis sie einen ersten, rohen Glanz zeigen. Tastende Finger und prüfende Blicke versuchen zu bewerten und zu beziffern. Mit viel Gerede und Drumherum wechseln die ungeschliffenen Reinheiten das Portemonnaie. Die größten und die mit dem geziemtesten Funkeln an erster Stelle, dann diejenigen, die den höchsten Ertrag und geringsten Aufwand versprechen. Zuletzt die mit Fehlern und ausreichender Größe, um sie noch auszumerzen. Auf den ersten Blick reich an Arbeit und gering an Wert. Die schönen und vielversprechenden Rohdiamanten wechseln den Besitzer, um geschliffen und hergerichtet zu werden.

Ein Stein bleibt übrig. Sein Funkeln ist trübe und eine Ader von Gestein durchzieht ihn quer durch die Mitte. Dazu besitzt er Ecken und Kanten, die sich vor jeder Form zu sträuben scheinen. Da keiner Gefallen an ihm findet, landet er in einer Schale bei den Edelsteinen minderer Güte und wird als Souvenir zum Kauf angeboten. Auch dort findet sich kein Käufer. Also rutscht er immer tiefer und liegt bald begraben unter all den anderen, für ungenügend befundenen Steinen.

Da erscheint ein Mann. Er ist auf der Suche nach einem Geburtstagsgeschenk für seine Tochter. Nur das Schönste soll es sein, doch vermag er mit seinem geringen Vermögen keine Kostbarkeit für sie zu erstehen. So sucht er sein Glück in der Souvenirschale.

Er besitzt nicht die geübten Augen eines Händlers, die einen Gegenstand nach seinem Marktwert bemessen und in Eile über seine Form und Farbe schweifen, weil dem Konkurrenten zur gleichen Zeit die Entdeckung des Tages glücken könnte. Dieser Mann hat keine Eile. Er sucht keine Kostbarkeit, die ihre Bedeutung in Werten ausdrücken will, sondern das Einzigartige, mit Geduld erkaufte.

Und so nimmt er jeden Stein und dreht ihn im Licht, betrachtet ihn kritisch von allen Seiten. Er schenkt ihnen nicht nur einen kurzen Blick, sondern auch einen zweiten und einen dritten, die das wahre Innere zumeist erst offenbaren. Das passende Geschenk will ihm einfach nicht unterkommen.

Bald gelangt er zu dem eingetrübten Stein, hält ihn in Händen wie all diejenigen zuvor und sieht Schönheit, wo andere nur Unförmigkeit und Mängel gesehen haben. Frohen Herzens kauft der Mann den Stein. Während der Händler sich freut, den falschen Diamanten doch noch losgeworden zu sein, nimmt der arme Mann ihn mit nach Hause. Dort wäscht, schrubbt und säubert er ihn wieder und wieder. Mit leichtem Hammer und Meißel setzt er an und opfert dem Stein so manche Stunde.

Siehe da, Schicht um Schicht legt er frei. Das Funkeln nimmt zu, bis sich das Werk vor der Arbeit eines Meisters nicht mehr zu verstecken braucht. Mit viel Geduld schafft der Mann es sogar, den Diamanten von der Gesteinsader zu befreien und mit einem Lederband zu versehen. Noch ein letztes Mal poliert er den Stein. Wie der Mann das fertige Stück in seinen Händen dreht und das Licht seiner Arbeitslampe sich an all den Ecken und Kanten bricht, funkelt der Diamant mal blau, mal lila, mal orange. Immer anders, als hätte der Stein ein eigenes Leben. Als der Vater seiner Tochter die Kette mit dem Diamanten umlegt, schenkt sie ihm ein vor Freude überquellendes Lächeln. Um nichts mehr war es dem Mann gegangen. Deswegen hatte er in dem trüben Klumpen gesehen, was kein anderer sehen konnte.

Viele der Steine, die die Spitzhacke löste, begannen als großes Versprechen und gingen danach doch von einer Hand in die andere über.

Einige besiegelten Bündnisse, groß auf goldenen Ringen, und durchlebten mit ihren Trägern wenig Höhen und viele Tiefen.

Andere endeten als Geldanlage in muffigen Tresoren, in denen es so dunkel war wie in der Höhle, aus der sie stammten. Die schönsten fanden sich, in Linie und Form gebracht und ihrem alten Ich beraubt, verarbeitet zu prächtigen Ketten und Diademen, die man nur trägt, um damit zu beeindrucken und sie dann in den Schmuckkästchen liegen zu lassen.

Nur der einst so verkannte Klumpen war geblieben wie er war: eckig und kantig. Ein Einzelstück. Kein Stein unter vielen. Er wurde geschätzt und begleitete die beschenkte Tochter ein ganzes Leben. Selbst mit achtundachtzig Jahren blieb er ihr noch eine immer wieder hervorgeholte, glückliche Erinnerung.

Der schiefe Ton

Es erklingt ein Ton. Nicht halb, nicht voll. Nur etwas fehl am Platze, irgendwie schief. Er passt in keine Melodie und kein Chanson, lässt sich nicht in Noten pressen, stört Lied, Gesang und Bühnenstück gleichermaßen. Er hat nicht genügend Kraft, eine ganze Melodie zu tragen, und ist dennoch zu laut, um den sich nach Ruhe sehnenden Geist zu streicheln. Vor seinem Klang verschließt sich selbst das ungeübte Ohr. Er vermag es weder zu gefallen in engem, bedrängtem Raume, noch auf dem Parkett vor vollen Rängen. So lernt ein jeder, der in Note und Melodie seine Berufung gefunden hat, nur allzu schnell, ihn als schlicht verkehrt aus seinen Gedanken zu streichen. Verschmäht und ausradiert mag er von nun an nur noch für sich selbst erklingen. Er stiehlt sich in den tristen Alltag, als Lückenfüller zwischen den Zeilen. Abseits vom großen Klang und Schall gerät er in Vergessenheit.

Irgendwann dringt er unerwartet an des geübten Komponisten Ohr, der sich als Einziger an seinem Klange labt und beruhigt seine Suche beendet weiß.

Sein Können brachte er stets nur zu mittlerer Klasse, denn seinen Stücken fehlt es an Bravour und Leben.

Doch auf seinem Schreibtisch, bald bedeckt vom Staube, liegt ein Meisterwerk seiner Zunft verborgen. Ihm fehlt nur noch der letzte Schliff, das letzte Stück, der letzte Ton.

Jahre war er auf der Suche, nach diesem einen Ton aus Kindertagen, lang verklungen und nie vergessen. Lernte die Instrumente von der Flöte bis zur Trommel, wusste bald, wie sie bei Regen klingen und wie bei Sonnenschein; in einen Raum gedrängt oder auf freiem Felde. Länder bereiste er, auf der Suche nach dem einen Puzzleteil, das alles fügt. Drehte dabei jeden Stein um und lauschte dem Leben in seinen vielfältigen Erscheinungsformen, ohne belohnt zu werden.

Was er in der Ferne suchte, findet er nun an seinem Heimatorte: Hört ihn heraus aus dem Lärm von Stadt und Straße. Also gibt er dem verschmähten Ton eine neue Chance, sich in Melodie zu kleiden, und setzt sich an sein großes Werk, um es endlich zu beenden.

Es ist nicht einfach zugegeben und kostet ihn Zeit und Mühe. Töne werden geopfert, Melodien neu gesetzt, Pausen gedehnt und gezogen. Doch schließlich ertönt mit lautem Klang das Lied in seiner ganzen Blüte. Volltönend, erfüllt mit Licht und Wärme.

Der schiefe Ton, er baut die Brücken zwischen Zeilen, um an der passenden Stelle mal zu beruhigen und mal zu eilen. Er gibt Struktur, Halt und findet den Weg ins Herzen. So erklingt das Lied und eint der Menschen Ohr und Sinn. Sie spielen es zu Momenten von Bedeutung und Manier, singen es in den Straßen unter freundlichen Fremden, die zu Freunden werden. Drum Mensch, lass uns nicht vergessen, wie öde alles wäre und wie leer, gäbe es keine schiefen Töne mehr.

Der verstädterte Blick

Die Stadt, welche einst von den ersten Siedlern im gemeinsamen Schweiße erbaut und zu Glanz und Reichtum gebracht wurde, ist erwachsen geworden. Hat in ihrer Größe die Vorstellungskraft ihrer Erbauer bei Weitem übertroffen. Es verstanden, ihre Bedeutung zu verteidigen; neue Städter anzulocken, die an ihrem Aufstieg teilhatten und ihn zugleich erst möglich machten. Die Pracht vergangener Tage, man spürt sie auch jetzt noch in den Straßen mit ihren Geschäften und Restaurants und reichlich Volk bis in die ruhigen Seitenstraßen hinein. Die Verkäufer und Selbstständigen entlang der Hauptstraße sind für ihre Kunden bekannte Gesichter aus der Nachbarschaft. Meist grüßt man sich auch sonst beim Namen und pflegt mit Fremden ein freundliches Miteinander. Familien mit spielenden Kindern bevölkern den Park, der die altehrwürdige Kirche im Zentrum als grünes Band umschließt. Noch versteht sich das Zentrum als gleichberechtigten Teil der Stadt. Als einen Ort, der dem Mittelwert der Gesellschaft zugleich Arbeitsplatz und Heimstatt ist. Die Nachbarschaft gleicht einem gut durchmischtem Stück Teig, mit allen Zutaten für einen gehaltvollen und sättigenden Laib Brot.

Die Straßen erinnern sich noch an die Beschaffenheit ihrer ersten Tage und an die Bürger als Gleiche unter Gleichen. Das Stadtbild gibt sich Mühe, sein altes Wesen zu erhalten. Jedoch vermag das Alter nicht auf ewig seine Spuren zu verdecken, und die Zeit legt nach und nach seine Anzeichen des Verfalls offen.

Mit den sich auftuenden Rissen und Schäden geht jeder auf seine Weise um. Sie werden provisorisch ausgebessert und der nächsten Generation als Aufgabe hinterlassen oder mit genauem Blick und ruhiger Hand wieder instandgesetzt. Aber nicht alle Sanierungen haben den Zustand von einst im Sinn. Für einige Hausbesitzer ist die Aussicht auf Profit bei Weitem zu verlockend; es verlangt sie nach neuem Glanz mit eigener Handschrift. So verschwinden einige Häuser ganz unter Gerüsten und Planen. Andere werden bis auf die Grundmauern freigelegt, manche abgerissen, um Platz zu schaffen. Das alles geschieht mit dem Vorhaben, das Gesicht der Stadt unwiederbringlich zu verändern. Der durch die Straßen dröhnende Baulärm dient als erster Vorbote der Veränderung, die das Leben im Zentrum erfasst.

Neue Häuser entstehen, mit teurem Mantel und frischem Putz. Mit noch unberührten Türgriffen und mit Zimmern, welche die Hauseigner zu saftigen Preisen verkaufen oder vermieten. Die renovierten Bauten erwachen aus ihrem Dornröschenschlaf, auch sie mit runderneuerter Schale und frischem Kern. Als Erwachte aus tiefer Ruh denen der beruhigende Rückhalt der Vergangenheit verloren gegangen ist. Auch dieser frische Glanz geht nicht ohne Aufpreis vonstatten. Ein gewiefter

Vermieter schafft es sogar, den Mietern die Kosten der Frischzellenkur ihres geteilten Heimes aufzubürden. Immer mehr Häuser erliegen der Ahnung von Profit, um von Gerüsten eingefangen zu werden. Jene alteingesessenen Bewohner, die den Baulärm genügsam ertragen, spüren nicht zuletzt an den steigenden Preisen, dass sich etwas ändert. Es beginnt mit dem kleinen Kiosk, der neben dem großen Supermarkt nicht mehr existieren kann und verschwindet. Es folgen all die kleinen Existenzen: Einzelhändler und Selbstständige, die im Sog der finanziellen Flutwelle den Boden unter den Füßen verlieren. Einige wenige tief verwurzelte Geschäftsleute bleiben und stemmen sich gegen den Ausverkauf. Doch mit jedem Geschäft, das schließt oder von finanzstärkeren Eigentümern übernommen wird, gestaltet es sich schwieriger, die eigene Unternehmung über Wasser zu halten. Das trügerische Versprechen des Aufschwungs lockt neue Nachbarn an. Vereinzelt wandeln Fremde durch die Straßen und zeigen zumeist wenig Interesse, sich mit dem Leben der Ansässigen zu verbinden. Oberstes Ziel der Stadt ist es nicht mehr, das Alte zu bewahren, sondern um jeden Preis das Neue anzulocken, ohne einen Ausgleich zwischen beidem zu suchen. Mit der sich wandelnden Nachbarschaft streben auch Macht und Vermögen dem Zentrum entgegen. Die steigenden Ansprüche rufen den letzten Akt der Veränderung aus. Spielplätze und offene Flächen werden dem nicht enden wollenden Wunsch nach Baugrund geopfert und lauschige Plätzchen verschwinden hinter dem Vorhang der Veränderung. Auch die traditionsreichen, geruhsamen Restaurants und Kneipen müssen sich mit wachsender Konkurrenz auseinandersetzen. Es ist ein still geführter Kampf, den die meisten Alteingesessenen verlieren. Geschäfte und Ladenzeilen wechseln ihr Erscheinungsbild. Die Tüchtigen hinter den Tresen warten nicht mehr auf Freunde und bekannte Gesichter, sondern lediglich auf zahlungsfreudige Kundschaft. Der Ruf des Konsums lässt strahlende Shoppingmeilen entstehen. Wahre Irrgärten, die keinen Wunsch offenlassen und zu dem Zweck erdacht wurden, den Gedanken an die heimischen vier Wände so lange wie möglich zu unterdrücken. Allerlei Gerüche, Empfindungen und Reize hüllen die potenziellen Kunden ein und lenken sie entlang von erlesen drapierten Schaufenstern und Werbebanden, bis der Wunsch nach etwas Unverbrauchtem die Vernunft besiegt. So verstößt Mutter Stadt ein für alle Mal mit langsamer und unnachgiebiger Hand ihre alten Kinder, um sich anderen zuzuwenden und sie nah an ihrem Herzen zu nähren. Das Stadtbild wirkt immer steriler, denn es fehlen zusehends die Heranwachsenden im Spiel der Straßen. Stattdessen sieht man Menschen mit leerer Hülle oder in respektable Arbeitskluft gepresst, die den Blick in sich gekehrt ihren eigenen Träumen und Wünschen nachhängen. Auch im Park an der Kirche hält die Schnelllebigkeit Einzug – Kinderwagen und Familien sucht man immer öfter vergebens. Mit dem langsamen Ausverkauf ihrer Arbeitsplätze müssen sich viele anderswo nach Arbeit umschauen. Nicht wenige Familien folgen ihren Müttern und Vätern und kehren den heimischen Straßen den Rücken, um in der Ferne ihr Glück zu suchen. Auch diejenigen, die ihren Arbeitsplatz im Stadtzentrum verteidigen konnten, müssen sich schlussendlich der Diktatur der Preise unterwerfen und sich am Rand der Stadt nach einem günstigeren Dach über dem Kopf umsehen. Morgens und abends müssen sie wachsende Mühen auf sich nehmen, um zwischen ihrem Arbeitsplatz im schnelllebigen Zentrum und ihrem neuen Heim in den Ausläufern der Stadt zu pendeln; in einer Metropole, die sie mit kalter Beharrlichkeit fortzutreiben versucht. Über kurz oder lang verlassen die letzten der ehemaligen Bewohner das Zentrum. Eine Heimat, die irgendwo auf dem Weg ihrer Metamorphose den Kontakt zum Ursprung verloren hat. Die Straßen von einst, bei all ihrer Geschäftigkeit mit genügend Raum für geruhsame Momente, haben ihr Gewand gewechselt. Die gesunde Betriebsamkeit, die es einer Seele erlaubt, in ihr einzutauchen und zu verweilen, ist in Hektik umgeschlagen, der sich der gesunde Geist nur ungern ergibt. Auch die Magie der stillen und versteckten Orte hat sich im Lärm der Straßen aufgelöst.

Über die besagten Straßen fließt immer mehr Verkehr ins Stadtzentrum und versorgt das Herz der Stadt mit dringend benötigten Nährstoffen in Form von Geld und Kaufkraft, um den Pulsschlag aufrechtzuerhalten. Doch um die Blutbahnen dieses Patienten ist es nicht gut bestellt, denn mit jedem Auto, Taxi und LKW verstopfen die Straßen zusehends und bringen den städtischen Organismus ins Stocken. Wenn die Stadtbewohner aus dem Fenster schauen, bietet sich ihnen der Anblick eines gezähmten Zentrums; kalt und trotz all der Hektik doch so arm an Leben. Die Straßen mit ihren nunmehr gleichgeschalteten, anonymen Fassaden haben der Stadt

ihre Persönlichkeit gestohlen. Ohne
Wiedererkennungswert teilt die Stadt das Schicksal ihrer
großen Schwestern und verkommt zu einer unter vielen.
Viele der Zugezogenen wünschen sich etwas von dem
Charme früherer Zeiten zurück. Während die einen
versuchen, dem Zentrum etwas von seinem Ich
zurückzugeben, finden die Fortgedrängten vielleicht
anderswo einen Neuanfang. Doch das soll einer anderen
Geschichte Inhalt sein.

Scheinperfekt

Eine zerbrechliche Schönheit bricht hervor. Langsam und bedächtig entledigt sie sich ihrem Kokon. Zum ersten Mal breitet ein Schmetterlingsweibchen die noch zerknitterten Flügel im Wind aus. Bald hat die wärmende Sonne seine zarten Schwingen ausgehärtet und es startet zum ersten Flug über die Frühlingswiese, auf der Suche nach einem geeigneten Revier mit reichlich Nektar. Unvermittelt taucht es ein ins pulsierende Treiben; fliegt von Blüte zur Blüte, um wie die Biene seinen Beitrag zur Schöpfung zu leisten.

Die Zeit des überschwänglichen Sommers währt kurz, darum ist kein Tag zu verschwenden. Mit Rivalen kommt es selten zu Konflikten, sind sie doch alle zu sehr damit beschäftigt, die Gaben der Natur zu ernten.

Der Herbst mit der reifen Frucht unterm Baume ist der Höhepunkt der unbeschwerten, süßen Tage. Sind die Früchte vertilgt und der letzte Saft aufgesaugt, bietet sich nur noch für die unermüdlichsten Sammler etwas Nektar. Zu oft sind die Blütenkelche bereits leer. Immer weniger Blumen gedeihen, je näher das Ende des Jahres rückt. Irgendwann wiegt der karge Lohn die investierte Mühe nicht mehr auf und die Kälte zieht dem

Schmetterling in seine feinen Glieder. So erlahmt sein Flügelschlag fürs Erste und der Schmetterling sucht sich einen geschützten Ort, um in Erwartung des Frühlings auszuharren und Kräfte für die vor ihm liegenden Aufgaben zu sammeln.

Mit der Wärme, die den dunklen Winter beiseitedrängt und das nächste Jahr des Werdens und Vergehens einleitet, erwachen die Schmetterlinge, Falter und anderes Krabbelgetier aus ihrer Starre. Während die meisten sich am ersten Grün gütlich tun, markiert der einsetzende Frühling für andere den Beginn ihres letzten Aktes: Die Schmetterlinge suchen sich einen Partner. Streit und Annäherung bitten gleichermaßen zum geflügelten Tanze. Dem müßigen Blick entgehen die Flügelpaare nicht, wie sie einander auf der erwachenden Wiese zugleich grüßend und lauernd umschweben. Das Schmetterlingsweibchen, dem sich diese Geschichte widmet, findet schnell einen Brutpartner. Nun gilt es, die Eier an passender Stelle abzulegen: An einem geschützten Ort mit genügend Futter und Versteckmöglichkeiten für die geschlüpften Raupen. Als eines der ersten erfolgreich aus der Brautschau hervorgegangenen, hat dieses Schmetterlingsweibchen die freie Auswahl, um die beste Lage zu ergattern. Doch es findet an keinem Ort Gefallen, denn an einem Detail fehlt es ihnen allen. Gewiss gäbe es genügend andere, aber das Schmetterlingsweibchen will seine Eier allein an den Knospen einer bestimmten Pflanze ablegen. An derselben Art, an der es sich selbst einst als gefräßige Raupe labte. Doch die gewünschte Blütenform und - Farbe will ihm einfach nicht unterkommen. Während weniger wählerische Weibchen ihr Werk bald beenden und ihre Tage fortan mit unbeschwerter Nektarsuche verbringen, gibt sich dieses Exemplar mit keinem Kompromiss zufrieden. Die Wiese erfolglos überflogen, vergrößert es den Radius seiner Suche immer mehr – bis es den heimischen Gefilden den Rücken kehrt, um im Unbekannten den perfekten Platz für die eigene Nachkommenschaft zu finden. Weder natürlicher Feind noch Unwetter vermögen es, den suchenden Schmetterling auszubremsen. Er fliegt über sterile, eintönig gehaltene Felder und ihre nicht viel abwechslungsreicheren Ränder, an Straßen entlang und in die Einzugsgebiete der funkelnden, nimmermüden Zentren menschlichen Lebens. Auch die großen Wälder durchforstet die flatternde Entdeckerin, in der Hoffnung, das Bild ihrer Raupentage auf einer der versteckt gelegenen Lichtungen zu erblicken. Doch die Mühe bleibt vergebens und auch der unermüdlich Suchenden werden irgendwann die Flügel schwer.

Im Wissen, auf der Suche nach Perfektion sein kurzes Leben vergeudet zu haben, sieht sich das Schmetterlingsweibchen am Ende seiner Kraft und Reise. Des Abends landet es erschöpft inmitten eines grünen Streifens und ergibt sich dem Ende seines Lebens, anstatt Schutz zu suchen. Doch Fledermaus, Igel und all die anderen Gesellen der Nacht kommen ungewollt überein, den Schmetterling großzügig zu übersehen.

Und so übersteht das Schmetterlingsweibchen die dunklen Stunden unbeschadet. Die ersten Sonnenstrahlen bringen ein unerwartetes Gefühl der Vertrautheit mit sich. Das weit gereiste

Schmetterlingsweibchen, welches seine Suche an einem unrühmlichen Ende angekommen glaubte, findet sich auf der altbekannten Wiese wieder, die einst seine Kinderstube war. Und endlich erblickt es ebenjene Sorte Blume, dem es einst seine beschwerliche Odyssee widmete.

All die Strapazen und Gefahren hatte der Schmetterling in Kauf genommen, nur um festzustellen, dass das Erhoffte an Ort und Stelle wartete, um sich erst in jenem Moment zu offenbaren, in dem er gar nicht mehr danach suchte.

So legt er doch noch seine Eier unter der richtigen Knospe ab und kann den Rest seiner Zeit nach Schmetterlingsart verbringen. Wie viel mehr Zeit wäre ihm geblieben, hätte der Schmetterling die Geduld aufgebracht, zu warten, bis die richtige Blume ihre Knospen öffnet. So leicht verstrickt man sich in die Suche nach dem perfekten Schein und findet dabei doch nur Enttäuschung vor. Oft ist es die Geduld, die den Sieg erbringt. Kurz: das Warten.

Die selbstlose Tat

Gleich auf der anderen Straßenseite, zwischen den Ausläufern des Stadtparks und festgewachsenen Häuserzeilen, findet sich ein kleiner Kiosk, in dem stets Betrieb zu herrschen scheint. Schon lange gehört er zum gewohnten Bild, angesehen als Inventar der Stadt und an jenem Orte so fest verwurzelt wie die weit ausladenden Bäume, die den gegenüberliegenden Park als schützender Wall umschließen. In dem Büdchen wartet hinter der Kasse Tag um Tag derselbe Mann auf Kundschaft. Er trägt Sorge für sein kleines Reich aus Bücherständer, Zeitungsauslage, Tiefkühltruhe, Kaffeeautomat und zwei gefüllten Regalen, welches regen Besuch zu verzeichnen hat; ist der Kiosk doch morgens der erste Anlaufpunkt für einen frühen Kaffee mit belegtem Brötchen und abends die letzte Bastion für Nachschub an Hochprozentigem, Zigaretten und unverzichtbarem Allerlei.

Im Leben des Mannes war der Kiosk schon immer ein wichtiger Schauplatz. Zuerst in den jungen Jahren eines Heranwachsenden, der die freien Stunden damit verbrachte, seinem Vater bei der Arbeit über die Schulter zu schauen. Doch schon früh übertrug sein Vater ihm immer wieder für kurze Zeit die alleinige Verantwortung. Deshalb kam es nicht selten vor, dass er nach der Schule im Kiosk zu finden war, während seine Freunde ihre Freizeit genossen. Mit der Verantwortung übernahm er auch einiges andere von seinem Vater: Zum Beispiel, immer ein griffbereites Buch unter dem Tresen liegen zu haben und es hervorzuholen, wenn sich gerade keine neuen Kunden ankündigten. Anfangs lediglich als Zeitvertreib gedacht, wurde ihm das Lesen schnell zu einem liebgewonnenen Hobby.

Nach Jahren des Bittens gestand ihm sein Vater schließlich etwas von dem spärlichen Raum zu und ließ ihn gleich neben der Zeitungsauslage einen Bücherständer aufstellen. Während seine Freunde weitestgehend unter sich blieben, lernte er die verschiedensten Arten von Kunden kennen. Er schloss Freundschaften, die an anderer Stelle nie zustande gekommen wären, und lernte das Mädchen kennen, das später seine Frau werden sollte. Noch heute sieht er sie wie am ersten Tag vor dem Bücherständer stehen, wie sie ihm den Rücken zukehrt, während sie interessiert die Auslage durchstöbert.

Er erinnert sich zurück an den nervösen Jungen hinterm Tresen, der zu erraten versuchte, was sich hinter dem eigensinnig wallenden Haar und den zierlichen Händen versteckte, die behutsam über die Buchseiten strichen. Und auch jetzt kann er sie noch spüren: Die Zweifel ob seiner Bücher fernab der großen Weltliteratur. Die aufflammende Selbstsicherheit, die jäh in stotternder Fassungslosigkeit verblasste und ihm allen Widrigkeiten zum Trotz ein Lächeln einbrachte. Der Bücherständer war geblieben, und auch das Mädchen mit dem herzerwärmenden Lächeln.

Nach der Schule versuchte er sich an den verschiedensten Dingen, um sich schließlich in dem kleinen Kiosk wiederzufinden, den ihm sein Vater guten Gewissens übergab. Viele seiner Jugendfreunde waren fortgegangen, doch ihn hatte es stets zurückgezogen an den Platz, an den ihn der erste flüchtige Moment seines Lebens verpflanzt hatte. In das Haus seiner Kindheit gleich zwei Straßen weiter, mit dem Balkonfenster in Richtung Park. Der Kiosk war so selbst dann bei ihm, wenn er nicht arbeitete. Es störte ihn nicht weiter. Noch viel weniger langweilte es ihn; schließlich brachte jeder neue Kunde Abwechslung und menschliche Frische in sein Leben. Für die fortgezogenen Freunde hatte er über kurz oder lang Ersatz gefunden, des Öfteren durch ans Herz gewachsene Kunden, die ihre Einkäufe gerne mit einem Gespräch verbanden.

Die Karriere überließ er seiner Frau, die sich nicht darum scherte, dass der Kiosk um die Ecke seine Berufung war und kein wichtiger Schreibtisch in der obersten Etage. Er hatte es auch mit Freuden übernommen, sich um die Kinder zu kümmern, denn kein Glück der Welt vermag aufzuwiegen, den eigenen Nachwuchs in Frieden erste Schritte wagen zu sehen.

Die Arbeit ließ ihm sogar Zeit, seine Kinder ein Stück des Schulweges zu begleiten. Zu jeder Zeit wussten sie, wo er zu finden war, um ihm von ihren Sorgen und Freuden zu berichten. Und bei ihren Schulkameraden wusste der Kioskbesitzer zu punkten, denn als Herr über die Tiefkühltruhe spendiert man auch schnell ein Eis umsonst.

Etliche andere Kinder, die für ein paar Pfennig Süßigkeiten kauften, sah er zu feierwütigen, unbedarft ins Leben drängenden Jugendlichen heranwachsen und begleitete sie bis hinein ins Erwachsenenalter.

Auch am heutigen Tage mit seinen einundsechzig Jahren, die nichts von seinem Elan verbraucht haben, sieht er sie noch beizeiten. Heute haben sie ihre eigenen Kinder an der Hand, wenn sie seinen Kiosk betreten. Der Kioskbesitzer sieht das gleichende Detail in ihrem Antlitz und freut sich darauf, in seinem Kiosk eine neue Generation aufwachsen zu sehen.

Wenn er morgens in aller Frühe zum Gurren der Tauben in den Parkbäumen sein Geschäft aufschließt und, einstudiert über die Jahre, die Stufen nach draußen nimmt, um das Werbeschild für Kaffee und Brötchen aufzustellen, wartet auf ihn der immergleiche Trott, ohne dass sich Eintönigkeit einschleichen könnte. In seinem Kiosk mischen sich Frühaufsteher mit Volk aus den Diskotheken, das noch etwas vom Freudentaumel in einer frühmorgendlichen Flasche oder Zigarette zu konservieren versucht. So sieht der Kioskbesitzer Menschen kommen und gehen wie das Laub an den Bäumen. Er hat so gut wie alle Charaktere kennengelernt: den ungeduldigen Geist, der vor einer menschlichen Geste zurückschreckt, genauso wie den geruhsamen Kunden, der sich auch von der Warteschlange in seinem Rücken nicht von einem Schwätzchen abhalten lässt.

Alle Schichten der Gesellschaft, die sich an einem normalen Lebenstag so gut wie nie begegnen, betreten in seinem Büdchen gemeinsamen Grund. Von der Richterin aus dem Amtsgericht am anderen Ende des Parks über die Handwerker auf Montage, die bei ihm in ihre Arbeitswoche starten, bis hin zu den Müllmännern, die ihre Arbeit leisten, wenn die Stadt gerade aus dem Schlaf erwacht. Der Kioskbesitzer kennt sie alle und nimmt teil an ihrem Leben. Dabei sieht er seine Kunden nicht als Gegenstück im ständigen Spiel von Angebot und Nachfrage, versteht seine Freundlichkeit nicht als Hilfsmittel, um Entscheidungen herbeizuführen. Nein, seine Absichten liegen weit entfernt von Verkaufszahlen und Gewinn. Die menschliche Wärme entspringt seinem selbstlosen Ich, dem alle seine Kunden am Herzen liegen, wie sie zur Tür hereinkommen.

Er ist nicht nur bloßer Zuhörer, sondern auch Ratgeber, Psychologe und Trostspender. Die Kunden fassen schnell das nötige Vertrauen, denn er vermag zwischen dem, was auch für andere Ohren bestimmt ist, und dem, was den Raum nicht verlassen darf, zu unterscheiden.

Es gibt die geduldige Rentnerin, die im Sommer nahezu jeden Sonntagmorgen auf derselben Bank verbringt, um auf jemanden zu warten, der viel zu früh von ihr gegangen ist. Auch der lesebegeisterte Obdachlose erweist sich als treuer, wenn auch unregelmäßiger, Kunde, der neben einem Päckchen Tabak und einem Gespräch auf Augenhöhe auch ein durchgearbeitetes Buch zu schätzen weiß. Der Landwirt auf dem Rückweg vom Wochenmarkt, dem seine schwieligen Hände wenig Respekt und noch weniger Lohn einbringen, zählt genauso dazu wie die schwer beschäftigte Paketzustellerin, die mit ihm die Meinung teilt, dass jeder Einkauf ohne ein forderndes Gegenüber nur einsamer macht. Doch während jedes dieser Schicksale nun mal dem unberechenbaren Würfelspiel des Lebens unterliegt, gibt es auch jene, die ihm nahegehen und die ihn auf Tage beschäftigen.

Es gibt den Polizisten, seinen alten Schulkameraden, der um die Schwere seiner Verantwortung weiß und tags wie nachts auf Streife geht, obwohl das Misstrauen immer häufiger den gesunden kritischen Blick übersteigt. Auch die Rettungssanitäter, die bei ihm während der kurzen Pausen keine Wartezeiten zu befürchten haben, und nicht zuletzt die unermüdliche Sozialarbeiterin berichten von einer Gesellschaft, die sich immer mehr im Eigennutz verliert.

Auch die Krankenschwester sei nicht unerwähnt, die nach der Arbeit einen Spaziergang durch den Park unternimmt, um bei Zigarette und Kaffee einen versöhnlichen Ausklang des Tages zu suchen. Der Kioskbesitzer braucht nicht viel Fantasie, um zu ergründen, dass dieses Ritual für sie manchmal der einzige Lichtblick eines an Entbehrung reichen Arbeitstages ist. Nicht selten sieht er sie an besonders schweren Tagen auch schon vor der Arbeit ihre Runden drehen – dann, wenn sich Überstunde an Überstunde drängt, der Druck auf ihren Schultern überhandnimmt und es ihrer Arbeit neben der Wertschätzung auch an gerechter Entlohnung fehlt. Wenn Patienten von ihr gehen und sie aus Sorge um die anderen Patienten zu sehr geknebelt ist, um gegen den Ruf nach Dividenden und Gewinn aufzubegehren, der ihr immer weniger Zeit lässt für ein aufmunterndes Wort oder ein herzliches Gespräch, das doch meist mehr wert ist als jede Arznei.

Und da gibt es noch das Mädchen aus der Nachbarschaft, das sich ein, zwei Mal die Woche für fünfzig Cent Kleinigkeiten kauft und mit ihm über die Dinge redet, die sie in den rar gesäten freien Stunden nicht mit ihren Eltern besprechen kann. Eine verlorene Seele, die vor ihm verstecken will, dass es Tage gibt, an denen sie gar nicht erst nach Hause möchte. Der alte Kioskbesitzer übersieht es wohlwollend und freut sich über die Gesellschaft. Er kennt ihre Eltern, die sich im Beruf abstrampeln, um genug Geld im Leben zu haben. Zwei Schicksalsgefährten die sich sträuben, die gute Gegend mit der immer teurer werdenden Stadtluft zu verlassen, weil sie ihre Tochter nicht aus ihrem Umfeld reißen wollen.

Mit ihnen kommen noch so viel mehr Einzelschicksale zur Tür herein. Der Kioskbesitzer kann nichts an ihren Problemen ändern, doch schafft er es, dass sie mit etwas weniger Last nach Hause gehen. Etwas, das ihm mehr Zufriedenheit bereitet, als ein üppiges Gehalt es könnte. Hinter dem Tresen hat er seine Bestimmung auf Erden gefunden. Sie erfüllt ihn auch jetzt noch mit der Zufriedenheit der ersten Tage. Daran, seine Arbeit an den Nagel zu hängen, verschwendet er nur an besonders geruhsamen Tagen einen fernen Gedanken.

Doch mit den Gedanken ist es eine Sache für sich. Mal werden sie zu Taten, mal geistern sie auf Lebenszeit stumm durch des Menschen Geist und manchmal lässt der launische Zufall sie an die Oberfläche treten, um sie ins Gegenteil zu verkehren.

Seine schwerste Prüfung ereilt den Kioskbesitzer an einem unscheinbaren Wintertag. Auch dieser Arbeitsmorgen beginnt mit dem klaren Moment des ersten Sonnenstrahles, den der Kioskbesitzer noch in seinem Bett dazu nutzt, dem angebrochenen Tag Ordnung zu verschaffen und dabei in Gedanken bereits seine Schritte auf altbekanntem Wege durch die eisigneblige Frühe wandeln hört. Doch spätestens, als er die Vorhänge öffnen und das Tageslicht begrüßen will, spürt er, dass etwas nicht stimmt. Sein Körper vermag dem frisch erwachten Geist nicht zu folgen und lässt ihn die lähmende Furcht der Hilflosigkeit spüren. Der Kioskbesitzer findet sich im Krankenhaus wieder, während sich seine Kunden verdutzt fragen, warum Dunkelheit vorherrscht, wo sonst ein so verlässliches Licht brennt.

In den ersten unsicheren Tagen harrt die Familie an seinem Bett aus und leistet Beistand. handgeschriebene Kärtchen seiner treuen Kunden bitten um schnelle Wiederkehr, während Blumensträuße und Präsentkörbe ihm die Genesungszeit erleichtern sollen. Diese Zuwendungen geben ihm Antrieb und die nötige Kraft, denn schnell zeigt sich, dass es viel Einsatz benötigen wird, das Alltägliche zurückzugewinnen. Mit dem unbedingten Willen, schnell wieder bei seinen Kunden zu sein, begibt er sich in Reha und beeindruckt dort durch seinen Einsatz.

Die ersten Wochen sind mit dem Fleiße der Ungeduld gefüllt, die ihm Zeit gibt, keine Zeit zu haben. Doch irgendwann lassen sie sich nicht mehr verhindern: die dunklen Stunden, in denen die Zukunft sinnlos und voller Unzulänglichkeiten erscheint. Nach einem Monat harter Arbeit muss sich der Kioskbesitzer langsam eingestehen, dass die Gesundheit nach ihrem eigenen Zeitplan arbeitet.

Über allem reift langsam die Einsicht, dass nicht alles wieder werden wird, wie es einmal war und dass seine Beine von nun an Hilfe brauchen, um sich fortzubewegen. Er bekommt einen Rollstuhl, der ihm seine Selbstständigkeit zurückgeben soll und sich doch kalt und fremd anfühlt. Und das Hilfsmittel auf Rädern öffnet ihm die Augen für all die kleinen Barrieren, die eine unwissende Welt aufzuerlegen weiß. Zum Beispiel die zuvor so selbstverständlich übersehenen Hindernisse, die selbst vor der eigenen Tür auf ihn warten, sobald er zurückkehren sollte. Nicht zuletzt dadurch rückt das allem übergeordnete Ziel einer Rückkehr ins Tagesgeschäft in weite Ferne. In den Kiosk, mit Stufe und beengtem Raum. Der Frust schlägt sich so nur noch einfacher einen Weg in seinen Geist. Seine besorgten Therapeuten und Ärzte sehen derweil die hart erarbeiteten Erfolge schwinden.

Viel mehr schmerzt ihn freilich das Gefühl des in der Einsamkeit Verlorenen. So nagt zusätzlich die Enttäuschung an den mühselig wachen Stunden. Der Kioskbesitzer beginnt an der Treue jener zu zweifeln, denen er vor nicht allzu langer Zeit so gerne zur Seite stand. Die Blumensträuße seiner Kunden sind längst verdorrt, die Präsentkörbe aufgebraucht und die beiläufig dahingekrizelten Grüße schnell vergessen, weil ihnen nichts folgt, das zu etwas anderem Anlass gäbe. Stattdessen findet er die vielen Werke der

Mitmenschlichkeit in den kleinen Dingen vom Staub des täglichen Wirkens begraben. Was stimmt es ihn traurig, wie die hoffnungsvoll seine schnelle Wiederkehr herbeisehnenden Kunden aus seinen Gedanken verschwinden und Menschen ihren Platz einnehmen, die sich nur dem eigenen Leben verpflichtet sehen und Hilfe nur dankend annehmen, wenn sie sich dafür keiner Schuld verschreiben. Der Kioskbesitzer fühlt sie am eigenen Leibe: die Undankbarkeit verankert im egoistischen Geist des Menschen. Von Kummer erfüllt erklärt er sich von der Welt vergessen, verliert sein Ziel aus den Augen und findet sich damit ab, nicht mehr gebraucht zu werden.

Schließlich hält der Frühling im Kurpark Einzug: die Jahreszeit, die dem Kioskbesitzer immer die liebste war. Doch er bleibt in seinem Zimmer, meidet den Blick in das frisch sprießende Grün und pflegt seinen Kummer, obwohl der Rollstuhl ihm erlauben würde, den Raum zu verlassen. Zu sehr schmerzt er noch, der Verlust der Leichtigkeit. Zu sehr schreckt es, die eigene Schwäche offen einzugestehen und ungewollte Blicke auf sich zu ziehen; das Metall anzunehmen, das die Beine ersetzen soll. Gefangen zwischen der perfekten Vergangenheit und einer fehlerhaften Zukunft, der keine Perspektive abzuringen ist, wacht der von der Welt Enttäuschte tatenlos in den Tag hinein und lässt sich selbst von der Familie nicht aus seinen dunklen Gedanken reißen.

So hört er nur erneut ihre traurigen Schritte auf dem Flur verhallen. Aber dieses Mal gehen Frau und Kinder nicht, ohne einen letzten Versuch zu wagen. Eingeschlagen in das Buch, das sie ihm auf das

Nachtschränkchen gelegt haben, steckt ein Bild – so beiläufig, dass sofort der Blick darauf fällt. Von kleiner Größe aber an Wert nicht zu bemessen. Ein Bild des Ortes, wo sich Arbeit und Leben so oft vermischten: sein Kiosk. Schnell will er es beiseitelegen, um der Sehnsucht nicht noch mehr Futter zu geben. Doch etwas erscheint anders als in dem Bild seiner Erinnerung. Die Tür erscheint breiter und die Stufen, die so viel mehr bedeuten als eine kleine Schwelle, ersetzt eine steinerne Rampe samt Geländer. Doch es sind die vor dem Kiosk versammelten und in die Kamera lächelnden Menschen, die ihn zu Tränen rühren. Da bereut der Kioskbesitzer seine vorschnellen Zweifel am Sein des Menschen, die ihn in seiner dunkelsten Zeit befallen hatten, als alles wie die Endstation seiner Träume erschien. Nun durchströmt den Kioskbesitzer wieder seine alte Energie.

Mit einem Mal lässt es ihn seine Scham vergessen und er hält es keine Minute mehr auf seinem Zimmer aus. Er packt seinen Koffer und vermag darüber den Rollstuhl, in dem er sich fortbewegt, für einen ersten Moment zu vergessen. Er ruft seine Familie zurück, die ihn schon fast verloren gegeben hatte. Und endlich verlässt der Kioskbesitzer den Ort seiner Genesung. Zwar nicht aufrecht in Gestalt, aber aufrecht und voller Tatendrang im Herzen.

Zu Hause angekommen darf er erfahren, dass das gute Werk noch größere Ausmaße angenommen hat. Zusammen mit den Müllmännern und allen Freiwilligen, die Zeit erübrigen konnten, haben die Handwerker nicht nur seinem Kiosk, sondern auch dem Haus einen barrierefreien Anstrich verpasst. Natürlich wäre er am liebsten gehenden Fußes in sein eigenes Haus eingetreten, doch nicht weniger glücklich macht es ihn, endlich wieder mit Familie und Freunden vereint zu sein, die ihn schon freudig erwarten. Unweigerlich erscheinen jene Blicke in den Gesichtern. Mienen, erfüllt mit allen Empfindungen zwischen Unsicherheit und nacktem Mitleid, die dazu gereichen, auch die schönsten Stunden zu verderben und einem jegliche Lebensfreude abzusprechen. Doch der Kioskbesitzer ist so glücklich darüber, endlich wieder in den eigenen vier Wänden zu sein, dass er es ein stückweit vollbringt, ihnen mit dem Humor als einzig taugliches Mittel zu begegnen.

Eine Stunde des Anstandes später sehnt es den Kioskbesitzer nach dem Ort seines Tagewerkes. Die Anwesenden hätten daran Anstoß nehmen können, dass er seine eigene Willkommensfeier verlässt. Aber sie wissen um die Bedeutung, die der Kiosk am Park für ihn hat, und viele begleiten ihn.

So folgt dem Kioskbesitzer und seiner Familie eine kleine Karawane. Schon kommt das saftige Frühlingsgrün der Bäume in Sicht. Er hört das Frühlingserwachen in den Ästen und sieht die hastigen Heerscharen von Kaninchen über die weitläufigen Rasenflächen flitzen. Bemerkt die Rentnerin auf ihrer angestammten Bank, die ihm das Gefühl gibt, jenen Ort seiner fast verloren gegebenen Träume nie verlassen zu haben und ihm zugesteht, seinen Rollstuhl zu übersehen. Er wundert sich noch über die Zeitung in ihrer Hand, als er bemerkt, dass der Kiosk ihn bereits mit offener Tür erwartet.

Die Rampe und das Geländer zur neuen Tür sind neu,

aber der Charme des Alten ist geblieben und mit ihm seine lieb gewonnenen und dennoch so untreu bedachten Kunden. Doch nicht, wie sie einer nach dem anderen allein zur Tür hereinkommen, sondern versammelt an einem Orte. Der Polizist, der hinter der Theke für ihn die Stellung hält. Die Müllmänner und Handwerker mit der Richterin gleich zur Seite. Die Sanitäter und der Landwirt zusammen mit der Postbotin und der Sozialarbeiterin. Auch das Mädchen und die Krankenschwester haben sich eingefunden. Ja, selbst der sonst so verschlossene Obdachlose steht zum Willkommensgruß bereit. Persönlichkeiten, die jede für sich einen eigenen Platz in der Gesellschaft einnehmen und sich doch in ihrem Wert nicht unterscheiden. Einzelne Schicksale wie das seine; Menschen, die ab und an Beistand brauchen. Feierlich überreichen sie ihm den neuen Schlüssel und rühren ihn mit ihrem selbstlosen Akt der Hilfe ein weiteres Mal zu Tränen.

Die Krankenschwester kündigt ihre Stelle, die ihr ohnehin nur noch eine Last und keine Freude mehr war, und wird seine Assistentin. Das Mädchen übernimmt hin und wieder die Kasse und schöpft dabei Selbstvertrauen für spätere Herausforderungen, während er selbst sich auf die andere wichtige Aufgabe eines Kioskbesitzers konzentrieren kann: den Menschen hinter der Fassade des Kunden.

Dem Kioskbesitzer öffnet dieser Akt gegenseitiger Hilfsbereitschaft die Augen für all die anderen selbstlosen Gesten, die im Strudel der Gegenwart schnell verschwinden. Er sieht eine Welt, die vielleicht nach und nach versteht, dass Ausgrenzung nicht nur im Kopf ein

Ende finden muss, sondern auch im Bild von Stadt und Land, und sei es an einer kleinen Stufe vor der gemeinsamen Türschwelle.

Mit der Erinnerung verbleibt in ihm auch noch viele Jahreszeiten später das tiefe Verständnis, dass dem, der heute aus freien Stücken gibt, auch eines Tages Hilfe zuteilwird. Sei es durch eine helfende Hand, die nur darauf wartet, gereicht zu werden, oder schlicht dem helfenden Willen, der sich im Geiste zu einer Tat aufdrängt. Schließlich macht das Geben und Nehmen es doch erst aus: das „Wir", welches dem einfachen „Ich" seinen Sinn einhaucht.

Das idyllische Tal

Eingerahmt von sanften Hügeln und bewaldeten Anhöhen gab es einst ein vergessenes Tal. In den Bäumen trällerten die Vögel und auf den Weiden stand das wohlgenährte Vieh. Die Anhöhen rundum schützten das Tal vor scharfen Winden und allzu gierigen Blicken. Sie sorgten für ein mildes Klima, das auf den Hügeln süßen Wein und andere wärmeverwöhnte Früchte wachsen ließ, und verschafften dem Tal einen Hauch von Wohlstand. Doch der größte Reichtum lag gewiss in der Ruhe, denn das Tal blieb eine Oase inmitten allen Wirren der Welt, ein Hort des friedfertigen Auskommens. Ein Fluss suchte sich darin seinen Weg. An seinen Ufern standen die alten und jungen Häuser eines kleinen Städtchens. In der Nähe gab es eine hundertjährige Eiche, wo sich die Anwohner trafen und zusammen feierten. Auch in diesem Idyll war bestimmt nicht alles gut, aber man wusste damit zu leben – oder es zu ändern.

Ein jeder, den man fragte, ward zufrieden und wollte dem Tal selbst für alles Geld der Welt nicht den Rücken kehren. Ja, es war ein schönes Leben, dort am geruhsam fließenden Fluss. Diesen speiste ein stiller, an Gestalt mächtiger Wächter. Hinter den Weinreben und bewaldeten Hängen, dort wo die Sonne des Abends ihre letzte Kraft verlor, hatten die Jahrhunderte einen Berg aufgetürmt.

Der Berg war schon alt gewesen, als der erste Mensch seinen Fuß in das Tal gesetzt hatte, und so gab er den ruhigen Takt vor, in dem sich das Leben dort bewegte. Der auf seinem Rücken schmelzende Winterschnee speiste den Fluss mit Wasser und der Regen wusch die Nährstoffe aus seinem Gestein, die Pflanzen wie Lebewesen die nötige Kraft zum Wachsen gaben.

Der Koloss von einem Berg bestand jedoch nicht, wie schnell vermutet, aus einem einzigen Stück Gestein, sondern aus vielen. Gestein in den verschiedensten Ausprägungen, so unterschiedlich in seinen Eigenarten, wie es der Menschen Wesen scheint. Aus Marmor in all seinen mannigfaltigen Schattierungen zwischen Schwarz und Weiß und zumeist dunklem Schiefer, in das sich selten ein Farbtupfer verirrt. Aus nachgiebigem und durchlässigem Tuffstein, das einst der flüssigheißen Mitte der Erde entsprungen war, und weichem Gestein mit zusammengepresstem Sand als Grundlage, gemischt mit hartem und abweisenden Granit; frischem Gestein aus dem jüngsten Zeitalter der Erde und altem Kalkstein, bestehend aus den Resten urzeitlicher Welten, der über eine ganz andere Vergangenheit Zeugnis ablegt. Dabei war es nicht allein das Gewicht der Schwerkraft, welches sie zusammenhielt, sondern Mineralien als einendes Bindemittel, wie es den Menschen die Gesellschaft anderer ist.

Doch der Berg war nicht überall so fest und beständig.

Es gab eine Stelle an seiner Flanke, wo die verschiedenen Gesteine sich gegeneinander stemmten. Dort hatten die Jahre Risse entstehen lassen; lächerlich kleine, die bei der gewaltigen Größe des Berges kaum ins Gewicht fielen und schnell übersehen wurden. Obwohl die Zeit langsam arbeitet, ist doch die Unerbittlichkeit ihre Waffe. Hatte er einmal einen Weg durch die äußere Schale gefunden, wusch jeder weitere Wassertropfen die Risse aus und gab Hitze und Kälte mehr Angriffsfläche. Das sich je nach Extrem mal ausbreitende, mal verdunstende Wasser trieb die Risse immer tiefer in den Berg hinein.

So reichten eines kalten Wintertages das Gewicht des Schnees und ein energischer Windstoß aus, das Werk der Entzweiung zu vollenden. Ein einzelner großer Steinbrocken löste sich aus dem Berg und kullerte ins Tal hinab. Er nahm an Geschwindigkeit zu und löste weitere Steine, die seinem Fall folgten. So rauschte unter markerschütterndem Getöse eine Lawine aus Geröll, Eis und Schnee ins idyllische Tal und riss Mensch, Tier und Baum mit sich ins Verderben. Selbst die Häuser aus Stein und die alte Eiche fielen unter der Wucht der geweckten Naturgewalt in sich zusammen.

Das idyllische Tal, mit dem kleinen, sorgsam zusammengetragenen Städtchen, hatte sich von einem Moment auf den anderen in ein Trümmerfeld verwandelt. Als Lohn für die entbehrungsreichen Jahre des Erschaffens und Erhaltens war nur die Zerstörung geblieben.

Das, was die Lawine wie durch ein Wunder unangetastet gelassen hatte, spülte der vom geschmolzenen Schnee angeschwollene Fluss hinfort. Die

Bewohner des Tales suchten sich aus den Trümmern das Wenige zusammen, was ihnen geblieben war, und zogen fort. Nie sollten sie vergessen, was ein Stein auf Abwegen anrichten kann und wie schnell unverbrüchlich geglaubte Einigkeit im Chaos zerbrechen kann, wenn sich die Achtsamkeit schlafen legt.

Des Händlers Fluch

In einem großen Land voller Geschichte lebte einst ein reicher Händler, der sich selbst über alle Maßen schätzte. Er kaufte und verkaufte, was sich zu Geld machen ließ, und kannte weder Anstand noch Gewissen. Dabei kannte er alle Tricks und wusste sie auch einzusetzen. Seine Konkurrenten fürchteten ihn, denn er lebte nach dem Gesetz des Stärkeren und hatte schon die eine oder andere Existenz in den Ruin getrieben. Bei all seinen Geschäften machte er sich nicht die Mühe, zwischen Geschäftspartnern und Konkurrenz zu unterscheiden, waren beide Begriffe doch für ihn nur ein Wortspiel, das stets den gleichen Ausgang nahm. Wenn es einem Handel oder ihm selbst entgegenkam, spielte er den einen gegen den anderen aus. Er log und betrog ohne den geringsten Anflug von Scham; scheute nicht einmal davor zurück, eigene Wahrheiten zu erfinden und unters Volk zu bringen. Stets hatte er sein eigenes Dasein vor Augen. Seine Wahrheiten wechselte er, sobald ihm andere besser in den Kram passten – wie ein Chamäleon seine Farben. Freundschaften schloss er nur dem Zwecke wegen; sobald sie sich ausgezahlt hatten, entledigte er sich ihrer schnell. So war es nicht verwunderlich, dass niemand aufrichtige Sympathien für ihn hegte. Dafür mochte ihn das eigene Spiegelbild umso mehr und rühmte seine Gerissenheit, seine Klugheit und seinen angeborenen Sinn fürs Geschäft. Sein Wirken hinterließ nichts als verbrannte Erde. Daran störte er sich nicht, solange dabei sein Geldbeutel immer schwerer wurde. Auf diese Weise kämpfte er sich durchs Leben, bis das Namensschild an seiner Tür goldene Lettern trug.

Sobald in der Geburtsstadt seines Erfolges nichts mehr zu holen war und sich niemand mehr fand, den er übers Ohr hauen konnte, packte er seine Sachen auf einen Fuhrwagen, spannte sein Pferd ein und zog weiter, die Taschen voller Geld. Er hatte von einer noch größeren Stadt gehört, geschmückt mit Denkmälern und einem prächtigen Haus mit Vormietern von Rang und Namen, in dem er wohnen könnte. Einer Stadt also, die genau seiner selbst gewählten Kragenweite entsprach. Das Versprechen von Ansehen und noch mehr Reichtum zog ihn an wie ein Kuchenstück eine Fliege lockt. Darum fiel ihm der Abschied nicht sonderlich schwer.

Bald gelangte er an eine Weggabelung. Zur Rechten führte der Weg in einer schnurgeraden Linie weiter. Die linke Abzweigung verlief sich hingegen in Kurven und war von Schlaglöchern übersät. In einem fürwahr seltenen Anflug von Zweifel nahm der Händler eine Karte zur Hand.

Die Karte wies ihn auf den linken Weg und auch andere Reisende drängten ihm ungefragt jene Abzweigung auf. Doch der Händler hatte noch nie etwas auf die Worte anderer gegeben und schlug die Meinung des Kartenzeichners und der Reisenden gleichsam in den

Wind. Schließlich wäre er nicht so erfolgreich geworden, hätte er sich immer an die Wege gehalten, die andere vorzeichneten. Im Zweifel hatte er sich stets auf seine eigene Nase verlassen können. Also nahm er die rechte Abzweigung, denn sein Gefühl sagte ihm, den kürzeren und einfacheren Weg eingeschlagen zu haben. Sollten sich andere mit Schlaglöchern und Kurven abmühen. In seiner unerschütterlichen Überzeugung verwunderte es ihn nicht, dass der vor ihm liegende Weg vollkommen unberührt schien.

Auf den ersten Kilometern fuhr der Wagen sanft dahin und der Händler schmunzelte über die anderen Reisenden, die offensichtlich allesamt die falsche Entscheidung getroffen hatten. Doch bald stieg der Weg an und wurde immer holpriger. Es dauerte nicht lange, bis das Ross außer Atem war und dem Händler auf dem Kutschbock das Kreuz schmerzte. Der eingeschlagene Weg führte einen Berg hinauf und brachte ihn immer weiter von seinem Kurs ab. Die andere Abzweigung unter ihm entpuppte sich nun als just der versprochene geruhsame Weg. Durch einen in den Berg getriebenen Tunnel führte er auf ebenem Grund zum Ziel. Während die anderen Reisenden seit Stunden an ihrem Ziel angelangt waren, musste der Händler zum Lohn für seine Fehlentscheidung bis zum Einbruch der Nacht weiterfahren, um wenigstens das nächste Dorf zu erreichen. Sobald er jedoch im Gasthaus saß und sich über sein Abendessen hermachte, während sich die Stallburschen um sein geschundenes Pferd kümmerten, hatte er die mühselige Reise schon vergessen. Fehlschläge gehören nun mal zum Leben dazu und er hatte sich abgewöhnt, im Nachhinein darüber nachzudenken. Für die Nacht nahm er sich das luxuriöseste Zimmer und schlief bis zum Hahnenschrei.

Ein Mann, wie er es war, ließ keine Chance auf ein Geschäft verstreichen – und so verbrachte er den Morgen damit, auf seinen Wagen zu steigen und lauthals Ware feilzubieten. Er log den Dorfbewohnern sprichwörtlich das Blaue vom Himmel herunter und lockte sie mit etlichen unverschämten Angeboten. Schnell merkte er, dass bei dieser Kundschaft nicht viel zu holen war. Was aber nicht an seinem Handelsgeschick lag, sondern vielmehr daran, dass arme Kunden schlechte Kunden sind und jeden Pfennig dreimal umdrehen. Darum setzte er seine Reise schleunigst fort.

Am Dorfrand trieb ein alter Bauer, mit von der Arbeit krummem Rücken, seine Schafe auf die Weide. Er warnte den Händler vor aufziehendem Regen und riet ihm, die Weiterreise zu verschieben, obwohl keine einzige Wolke am Himmel stand. Dem Händler bekamen haltlose Wahrsagerei und Voraussagen noch weniger als gute Ratschläge. Erst recht, wenn die Voraussage aus dem Munde eines hart arbeitenden Menschen kam, der in seinen Augen nicht das Zeug dazu hatte, sich zu verbessern und nach Höherem zu streben. Der Händler scheuchte die Schafe aus dem Weg, sodass sie in alle Himmelsrichtungen auseinanderstoben, und fuhr weiter.

Auf seinem weiteren Weg erreichte er eine Brücke. Ein Schild versperrte ihm den Weg und warnte davor, den morschen Übergang zu benutzen. Dieses Mal kam er mit dem Kartenzeichner überein, dass ein Umweg einen Tag länger in Anspruch nehmen würde. Doch für den

Händler war Zeit Geld. Außerdem lebte er nach dem Grundsatz, dass nur gewinnt, wer Einsatz wagt. Sein Pferd und sein Wagen waren schnell und leicht. Was kümmerte es ihn, wenn die Brücke hinter ihm zusammenstürzte. Hauptsache, er hatte das Hindernis überwunden. Ein Zurück kam ohnehin nicht infrage. Aufgegeben hatte der Händler noch nie und er war auch nicht bereit, jetzt damit anzufangen. Also legte er das Schild beiseite und trieb sein Pferd mit der Peitsche an. Er hatte Glück und schaffte es wohlbehalten auf die andere Seite. Keinen Moment zu spät, denn hinter ihm rutschte bereits ein Stück der Brücke in den Fluss. Dennoch blickte der Händler nicht zurück und fuhr weiter. Mit dem Vergangenen verhielt es sich nämlich wie mit Fehlern: Ein Blick zurück bedeutet nichts anderes als ein Eingeständnis der eigenen Schwäche und öffnet dem Zweifel Tür und Tor.

Der Händler verschwendete auch keinen Blick in den Himmel, also erwischte ihn der Regen, wie vom Schäfer vorausgesagt, auf freiem Felde. Hätte jemand anderes auf dem Kutschbock gesessen, hätte er es bereut, sich selbst um den Rückweg gebracht zu haben, doch der Händler ließ sich von keinen Widrigkeiten abhalten.

Bald war er vollends durchnässt und der Weg verwandelte sich in rutschigen Schlamm. Der Wagen blieb das ein ums andere Mal stecken, bis die Speichen eines der Räder brachen und der Wagen zur Seite kippte.

Aber der Händler hing nicht an seinem Hab und Gut. Stets war er bereit, sich von einer Sekunde auf die andere an neue Gegebenheiten anzupassen. So hielt er sich nicht lange damit auf, über Dinge von persönlichem Wert zu trauern. Er war ein Mann der Tat, der nicht zweimal überlegte. Den unbrauchbaren Wagen ließ er samt Waren, Tisch und Stuhl am Wegesrand zurück, löste das Pferd aus dem Zuggeschirr und ritt weiter. Schließlich besaß er genug Geld, um sich alles neu zu kaufen, wenn er erst in der gelobten Stadt angekommen war.

Bald erreichte er einen Bauernhof, wo er in einer Scheune Zuflucht fand, bis der Regen vorüber war. Zu diesem Zeitpunkt stand die Sonne schon hoch am Himmel. Die Bäuerin warnte ihn davor, zu dieser Tageszeit noch weiterzuziehen; in dem Wald, den er durchqueren musste, sollte es Wölfe geben, die Reisenden auflauerten, sobald die Schatten erwachten. Der Händler hätte jetzt vielleicht endlich eine Lehre ziehen und auf die Worte der Frau hören sollen, doch er war es gewöhnt, sich nicht zufrieden zu geben, bevor sein Tagwerk geschafft war. Und er hatte sich vorgenommen, das nächste Dorf noch am selben Tag zu erreichen.

Außerdem hatte er in seinem Beruf zur Genüge mit zweibeinigen Raubtieren zu tun gehabt und sie gezähmt, sodass er vor den vierbeinigen Vertretern erst recht keine Angst verspürte. Von der Bäuerin ließ er sich einen Stock und eine Laterne geben und setzte seinen Weg fort.

Sobald er den Wald zur Hälfte durchquert hatte und die Schatten der Bäume länger wurden, kamen die Wölfe. Der Händler hatte immer noch keine Angst, sein Pferd hingegen schon. Ganz nach seiner Natur floh es vor den Wölfen, rutschte im Halbdunkeln auf dem aufgeweichten Boden aus und brach sich ein Bein. Während sich die Wölfe über die willkommene Mahlzeit freuten, musste der Händler zu Fuß durch die Dunkelheit wandern, denn beim Sturz war seine Laterne zerbrochen.

Er war noch nie gezwungen gewesen, eine längere Strecke aus eigener Kraft zu gehen. Als er zur Mittagsstunde im nächsten Dorf eintraf, das nicht weit vor den Toren der großen Stadt lag, waren seine Füße von Blasen übersät. Nun verstieß der Händler das erste Mal gegen seinen eisernen Plan und verbrachte ganze zwei Tage in der Herberge, um sich zu erholen. Man hätte meinen können, er wäre während dieser Zeit in sich gegangen, doch am dritten Tag kaufte er sich die feinsten Kleider und das teuerste Pferd, das im Stall zu finden war. Er wollte Eindruck machen, wenn er endlich in die große Stadt einritt. Der Herbergsvater warnte ihn, so aufgemacht weiterzuziehen; in der Nähe gäbe es Banditen, die nur auf einen unvorsichtigen Reisenden wie ihn warteten. Aber der Händler hatte sich so an seine eigenen Lügen gewöhnt, dass er keinem mehr glaubte. Hinter dem ehrlichen Gesicht des Herbergsvaters sah er nur einen anderen Halunken, der sich mit dem Ansinnen trug, ihn zu bestehlen, sollte er auch nur eine weitere Nacht in der Herberge bleiben. Also ritt er weiter. Natürlich kam es, wie es kommen musste: Die Banditen stahlen ihm sein ganzes Vermögen, seine beste Kleidung und das Pferd gleich mit. Nur seinen Stock und das letzte Hemd ließen sie ihm.

So kam es, dass Tage später ein ärmlich gekleideter, auf einen Stock gestützter Mann die Stadt mit den Denkmälern und prächtigen Häusern betrat. Einige meinen, er hätte sein Leben danach geändert und wäre ehrlicher Arbeit nachgegangen. Andere, er hätte da weitergemacht, wo er aufgehört hatte, ohne einen

Gedanken der Reue zu verschwenden. Nur die Zeit vermag die Antwort zu geben.

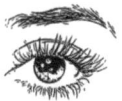

Der Wert des zweiten Blicks

Ein schwaches Geräusch des Lebens erfüllt den Raum. Sachtes Fiepen meldet Ansprüche an und lenkt den Blick auf eine große Kiste und das Knäuel darin. Bruder und Schwester liegen dort dicht an dicht. In Größe und Aussehen nicht zu unterscheiden, trinken die Hundewelpen unter dem geübten Blick der Hundemutter und nutzen die erste Chance, untereinander die Rangfolge zu klären. Nur allzu schnell lernen sie ihre Beine, Stimmen und Zähne zu gebrauchen und die Welpenschar verlässt die Wurfkiste, um die Umgebung zu erkunden. Die jungen Hunde wachsen aus dem gleichförmigen Wurf heraus und entwickeln eigene Persönlichkeiten. Sie balgen miteinander, üben sich im Gebell, trainieren ihr Gebiss. Und sie spielen mit dem zweibeinigen Nachwuchs, der den Welpen das Gefühl gibt, sich in nichts von ihnen zu unterscheiden und der gleichen Art anzugehören. Mit einem Halsband um den Hals endet die Zeit im heimischen Paradies. Wie so viele Welpen zuvor, wird auch dieser Wurf zum Verkauf angeboten. Zu den letzten gehört ein Rüde: ein gutmütiger und tollpatschiger Kerl, der jedem mit der gleichen Freundlichkeit begegnet, ob Neuankömmling oder altbekannt. Der erste, entscheidende Blick fällt allerdings auf die langen Beine und den unförmigen Körperbau. Besonders das zerzauste Fell verleiht ihm schon jetzt den Anschein eines massigen Ungetüms und lässt den jungen Welpen, der in ihm steckt, nur zu einfach in Vergessenheit geraten. Doch schließlich ist auch für ihn ein Käufer gefunden.

Er landet in einer neuen Familie, deren Kinder den ungeschickten Welpen sofort ins Herz schließen und über seine Angewohnheit lachen, sie nach Menschenart auf zwei Beinen stehend zu begrüßen.

Er wird zum ständigen Begleiter. Mit seinen Flausen und Missgeschicken bringt er Gelächter in die Familie, die es darüber ganz verstreichen lässt, den Hund um seiner selbst willen sacht an menschliche Regeln heranzuführen. Derweil entdeckt der junge Vierbeiner im nahen See sein Element. Die Kraft des Wassers, in dem er nach unbeschwerter Herzenslust toben kann, und sein eigenes Spiegelbild ziehen ihn magisch an. Fortan ist es ihm das glücklichste Bild, das erschreckte und sich stets wandelnde Wellenspiel in der zuvor unberührt gläsernen Oberfläche ausbrechen zu sehen, wenn er sich ins Nass stürzt. Ansonsten genießt er das Leben in vollen, grenzenlosen Zügen. Doch ein Hund ist kein Spielzeug, er braucht Regeln, in deren Grenzen er sich bewegen darf; jemanden, der sich seiner annimmt. So kommt es, dass er sich irgendwann selbst für einen Menschen hält. Vielleicht nicht in Gang und Sprache aber trotzdem als einer von ihnen.

Und einem Kind gleich, das nie ein Nein akzeptieren musste, entwickelt er einige Eigenarten, die ihm aus einem Gemisch von Freimut und Gleichmut heraus immer wieder verziehen werden. Wie mühselig ist es für einen Menschen doch bereits, sich um die Erziehung der eigenen Kinder zu kümmern.

Der kurzentschlossene Kauf eines Spielgefährten erweist sich als eine Entscheidung, die irgendwann rückgängig gemacht werden will. Der Spielgefährte, der den Eltern etwas Freiraum von der Erwartungshaltung der Zöglinge verschaffen sollte, stellt deutlich mehr Ansprüche, als es einem naiven Geist in den Sinn gekommen wäre.

Die Kinder wachsen heran und entdecken bald andere Interessen. Auch der Welpe ist zwischenzeitlich herangewachsen und hat das Versprechen seiner großen Pfoten wahrgemacht: Er hat sich zu einem wahren Riesen entwickelt, der teures Futter und viel Bewegung braucht. Von dem einst süßen Welpen bleibt den neuen Besitzern nur ein schlecht erzogener, gutmütiger Klotz am Bein, dem die Kellner ob seiner Größe regelmäßig den Eintritt verwehren und der jeden Gedanken an eine Reise unmöglich macht. Da der Hund nicht mehr zum Lebensentwurf der Familie passt, passiert mit ihm schlussendlich das, was dem Großteil unbrauchbar gewordener Dinge widerfährt: Er wird entsorgt.

So landet der Hund im Tierheim und erfährt die erste Enttäuschung in seinem so offenherzig geschenkten Vertrauen. Anders als ein Mensch es täte, hadert er nicht. Er sucht nicht in Wut oder schlechten Gedanken Zuflucht. Jedem, ob Pfleger oder Besucher, begegnet er seinem Wesen nach, mit der gleichen Freundlichkeit.

Der junge Hund fällt so bald einem alten Pärchen ins

Auge. Auf der Suche nach einem Projekt, dem sie ihren plötzlich so beunruhigend stark angestiegenen Freizeitpegel widmen können, kommt ihnen der verlorene Rüde mit verwachsenem Fell und schlechten Manieren gerade recht.

Sie sehen ein unverbrauchtes Leben, dem sie Richtung geben können; einen Weg, zurück zu ihrer eigenen Vergangenheit, als sie noch Kinder hatten, für deren Erziehung sie Sorge tragen mussten. So nehmen sie den gutmütigen Riesen mit zu sich nach Hause und geben ihm einen Platz unter ihrem Tisch.

Mit dem Neuankömmling ziehen aber auch die Probleme ein. Vielleicht sind sie etwas zu ungeduldige Zieheltern, die zu viel erwarten, um mit dem Ergebnis stets unzufrieden sein zu können. Zu ihrer Ehrenrettung sei gesagt, dass ein ausgewachsener Hund mit dem Geist eines Welpen einige Herausforderungen bereithält. Vielleicht stellen die beiden letztlich zu menschliche Anforderungen an einen Vierbeiner. Sie setzen ein Verständnis von Richtig und Falsch voraus, das einen erst das tägliche Leben lehrt. Doch dem jungen Hund sind Regeln und damit auch deren Verständnis gänzlich fremd. Er ist es gewohnt, an der Leine das Kommando zu übernehmen, was dazu führt, dass er sie nach Belieben wie ein Schlittenhund mal hierhin und mal dorthin zerrt. Weil die wöchentlich abgezählten Spaziergänge ihm nicht ausreichend Bewegung bieten, verschafft er sie sich kurzerhand selbst und geht allein auf Wanderschaft – nicht selten, um seiner zweiten Unart nachzugehen und sich ins Wasser zu stürzen. Immer öfter kommt es vor, dass den neuen Besitzern nach einem seiner Ausflüge im wahrsten Sinne des Wortes das Wasser in der Küche steht. Und sie müssen feststellen, dass die Tischbeine des teuren Küchentisches merkliche Bissspuren gelangweilter Zähne aufweisen. Das rüstige Rentnerpärchen ist nun dazu verdammt, dem gutherzigen Wirbelwind hinterherzuwischen und sein Fell zu trocknen, das weder mit Schere noch mit Kamm zu bändigen ist. Währenddessen fegt der Hund mit seinem langen Schwanz so einige Vasen und Kostbarkeiten von Tischen und Stühlen.

Eben jene tollpatschig vorgetragene Gutherzigkeit ist es dann, die den Ausschlag gibt. Fröhlicher Natur, wie er ist, zeigt der Hund seine Zuneigung ausschweifend und umwerfend im wahrsten Sinne. Denn nichts anderes geschieht, wenn ein Koloss die Angewohnheit hat, seinem Objekt der Freundlichkeit die Vorderpfoten auf die Schultern zu legen. Da das Pärchen nicht mehr so fit auf den Beinen ist, wie es das gerne hätte, dauert es nicht lange, bis er den Mann durch seine Liebesbekundung zu Boden gehen lässt. Beim ersten Mal lassen sie lächelnd Nachsicht walten und schelten ihn mit freundlicher Stimme, doch beim zweiten Mal können sie ihren Ärger nicht mehr verheimlichen. Von den Ärgernissen abgelenkt, verkennen sie sein durch und durch liebenswürdiges Wesen und bewerten die tollpatschig zur Schau gestellte Zuneigung als böswilligen Akt. Sie gestehen ihrem vierbeinigen Mitbewohner schlichtweg nicht die Chance zu, sein Verständnis von richtig und falsch zu ändern und zu lernen, seine Geste der Freundlichkeit auf verträglichere Art und Weise vorzubringen. Mit der Geduld am Ende führt der Weg nur in eine Richtung: Zurück ins Tierheim als einer von vielen. Ein Ausgestoßener, der nicht versteht, warum seine Gutherzigkeit Strafe nach sich zieht. Die erneute Enttäuschung ändert jedoch nichts an seinem offenen, freundlichen Wesen; obwohl es ausreichend Grund dazu gäbe. Auch dieses Mal dauert es nicht lange, bis sich eine neue Aufgabe für ihn findet. Er soll sich als Jagdhund versuchen. Eine Aufgabe, die ihm die Bewegung zu geben verspricht, die er so unbedingt braucht. Doch schon beim ersten Jagdausflug zeigt sich seine fehlende Geduld: Er beginnt viel zu früh mit seinem Einsatz. So fliegen die Enten vom Teich auf, bevor die Jäger auf ihren Posten sind, während der Hauptschuldige selig bellend im Wasser planscht und sich keiner Schuld bewusst ist. Der Zwinger, in dem er für die Nacht eingesperrt wird, getrennt von den Menschen, nach deren Nähe er sich so sehnt, ist etwas, woran er sich nicht zu gewöhnen vermag. Er gibt sich redlich Mühe, sein neues Leben anzunehmen; gelogen wäre es, das zu bestreiten. Aber was immer er tut, es steckt einfach kein Jagdhund unter seinem Fell. Stets kommt er zu spät, folgt einem Befehl nicht schnell genug oder entdeckt sein Interesse für eine Nebensächlichkeit, während das Wild an ihm vorbeihuscht. Schließlich endet auch dieser Vermittlungsversuch und er findet sich im vertrauten Tierheim wieder, wo ihn viele bekannte und einige unbekannte Gesichter begrüßen. Man könnte meinen, er würde nun von seinem Vertrauen zum Menschen Abstand nehmen. Dieses Exemplar bleibt jedoch stoisch seinem Wesen treu und wartet auf die nächste Gelegenheit. Zwar dauert es von Mal zu Mal länger, bis sich jemand findet, aber bald bietet sich ihm die nächste Gelegenheit, seinen Wert unter Beweis zu stellen. Wenn er schon keine Tiere jagen kann, soll er zumindest Schafe hüten. Doch auch für den Beruf des Hütehundes ist er nicht so recht geschaffen. Noch immer ist er es nicht gewohnt, andere Tiere zu hetzen – selbst wenn es nicht dazu gedacht ist, ihnen Leid zuzufügen. Dadurch verschafft er dem Schäfer mehr Arbeit, anstatt sie ihm abzunehmen. Als freiheitsliebender Hund, der selbst gerne auf Wanderschaft geht, kann er nicht verstehen, warum es andere nicht genauso halten dürfen, und lässt die Schafe ihrer Wege ziehen. Er versucht sogar, Freundschaft mit ihnen zu schließen, die beim Anblick des sich nähernden Ungetüms lieber Reißaus nehmen. Ohne schlechte Absicht treibt er die Herde auseinander und den Schäfer zur Weißglut. Auch hier überbieten die ersten Ergebnisse die Geduld. Der Schäfer sieht nicht des Hundes wahren Kern: den Beschützer, der durch seine bloße Erscheinung Übel von der Herde fernhalten kann und ihr Wohlergehen über das eigene stellt; sein freundliches Wesen, das für jedes einzelne Schaf gleichermaßen Sorge tragen will. Die Ausbildung endet, bevor sie richtig begann.

Wie er sich erneut in der für immer verlassen geglaubten Box des Tierheimes wiederfindet, kommen auch ihm erste Zweifel an des Menschen Art, die ihm einfach keinen Platz in ihrer Mitte zugestehen will. Auch wenn er sich sein im Herzen gutes Wesen bewahrt, so wird er zurückhaltender und begutachtet die Freundlichkeit anderer mit Argwohn. Nun ist er ein notorischer Herumtreiber, schwer vermittelbare

Problemware mit reichlich Vermerken und missglückten Vermittlungsversuchen in der Führungsakte, die einen schnell veranlassen, anderswo Ausschau zu halten. So vergeht die Zeit, ohne dass sich eine neue Chance für den jungen Rüden offenbart. Aus seiner Enttäuschung und Ungeduld macht er bald kein Geheimnis mehr. Vielleicht auch nur, um sich die langen Stunden des Tages zu vertreiben, stimmt er in das Gebell des Rudels der Ungewollten ein, um mit lauter Stimme seinen Unmut zu erklären und ihn in die Welt rundum zu tragen. Sein tiefes Bellen schenkt ihm zwar neugierige Blicke, die bei seiner furchteinflößenden Erscheinung für ihn allerdings nichts Gutes ergeben wollen.

Doch sein nächster Besitzer ist eben nach dieser Problemware auf der Suche. Ein tief grollendes Bellen und abschreckendes Aussehen sind genau die Eigenschaften, die es zu einem Wachhund braucht.

Nun ist es seine Aufgabe, Tag um Tag in einer Hundehütte zu liegen und den Bauernhof zu bewachen, der sein Zuhause sein soll und dabei so wenig Wärme für ihn bereithält. Natürlich ist diese Aufgabe für sich allein ziemlich monoton und so macht er sich lieber daran, den Bauernhof auszukundschaften, wo er zu seiner Freude einen kleinen Tümpel entdeckt. Mit der Wachsamkeit ist es allerdings so eine Sache. Den Postboten schlägt er direkt am ersten Tag in die Flucht, was einem Wachhund, der seine Aufgabe ernst nimmt, gar keinen so schlechten Start bescheinigen würde – wenn es nicht aus missverstandener Freundlichkeit passiert wäre. Da der junge Hund seinen Wunsch nach Nähe von seinen neuen Besitzern nicht erfüllt bekommt, verschreckt er auf der

Suche nach eben jener menschlichen Zuneigung noch so einige willkommene Gäste. Sein Verständnis von Gut und Böse kann nicht zwischen Postbote und Finsterling unterscheiden und so behandelt er sie alle mit derselben Freundlichkeit. Wenn er sie überhaupt bemerkt, denn für einen Hund schläft er ausgesprochen gerne. Auch in jener Nacht, in der die Einbrecher ungeladen zu Besuch kommen. Gewiss hört er sie und öffnet auch ein Auge, um nach den Lichtern ihrer Taschenlampen Ausschau zu halten, doch in seiner Gutmütigkeit kann er daran nichts Alarmierendes erkennen und wendet sich schnell wieder seinen Träumen zu. Zum Glück ist der Schaden am nächsten Morgen nicht weiter erwähnenswert. Trotzdem sind die Anfänge des Wachhundes in spe nicht die besten. Selbst das Vertrauen in sein tief grollendes Bellen ist trügerischer Natur; obwohl er in der Gruppe gerne ins Gebell einstimmte, so vermag er darin für sich allein keinen Sinn zu erkennen. Bei einem Wachhund, der seine wichtigste Aufgabe nicht zu erkennen weiß, sollte man davon ausgehen, dass auch hier der Versuch ein schnelles Ende findet. Doch anders als die vorherigen Besitzer auf Probe, bringt dieser Geduld auf. Ein an sich edler Wesenszug, aus dem sich in diesem Falle aber nichts Erfreuliches für den jungen Hund ergibt, was er bald zu spüren bekommt. Zuerst wird ihm die Freiheit genommen, zu gehen, wohin es ihn zieht: Der Bauer legt ihn vor der Tür an die Kette, damit er keinen weiteren Ankömmling verpasst. Auch die Hundehütte nimmt er ihm und kürzt seine Rationen. Bei Wind und Wetter und mit knurrendem Magen hat der gutmütige Riese auszuharren, während sein Besitzer darauf hofft, dass sein Wesen Abhärtung findet. Schließlich tritt und schlägt er ihn, um die letzte Schärfe einzubrennen. Und irgendwo inmitten all der Schläge und Worte verliert der Hund, was trotz all der erlittenen Enttäuschungen von so unerschütterlichem Bestand geblieben war: sein ureigenes Vertrauen zu den Menschen. Damit kommt der Tag, an dem er mit ihnen gänzlich bricht. Mit der Wut erwacht auch die in seinem Körper schlummernde Kraft. Er schnappt nach der Hand, die sich zum erneuten Schlage erhebt, zerreißt die Kette um seinen Hals und macht sich in die Freiheit auf. Ins Tierheim kehrt er nicht zurück. Stattdessen beschließt er, sich nur noch an seine eigenen Entscheidungen zu halten und sich von nun an selbst durchzuschlagen. Fortan lebt er nach dem harten Gesetz der Straße. Er bettelt um Futter und stiehlt, wenn er damit keinen Erfolg hat. Immer wieder wird er aus den Läden verjagt. Es sind nicht nur die Menschen, die ihn nicht in seiner Nähe dulden; es gibt genügend andere unglückliche Streuner, mit denen er sich um das Wenige zu streiten hat. Der Halbstarke lernt, sich zu behaupten und um sein tägliches Brot zu kämpfen. Ohne die nötige Pflege verwahrlost sein Fell zusehends. Es wird immer länger, verschmutzt im Müll, in dem er nach Fressbaren stöbert, und verfilzt mit der Zeit. Seine Erscheinung wirkt zusammen mit dem ihm anhaftenden Geruch nach nassem Hund wahrlich fürchterlich. So wird er gemieden, was ihm gar nicht so unrecht ist. Aber die Menschen verwehren ihm nicht nur seine Ruhe und eine Kleinigkeit Fressbares, vielmehr behandeln sie ihn wie einen Eindringling. Sie werfen mit Steinen nach ihm, vertreiben ihn mit Tritten und hässlichen Worten. Familien mit

Kindern, die ihm einst die liebsten Geschöpfe waren, machen einen großen Bogen um den Streuner und suchen flugs das Weite, wenn er sich ihnen nähert – dabei hat er es eigentlich nur auf das Essen in ihrer Hand abgesehen. Nicht selten rufen sie die Polizei, um den augenscheinlich gefährlichen Streuner einfangen zu lassen. Doch dieser Hund hat gelernt, Vorsicht walten zu lassen, und kann den Uniformierten, die ihn mit Schlingen zu fangen versuchen, stets entkommen. Er lernt sich verborgen zu halten und wechselt in weniger hundefeindlichere Gefilde. Schließlich findet er einen wenig belebten Stadtpark. Mit viel Platz, um Problemen aus dem Weg zu gehen, und trotzdem genug gefüllten Mülltonnen zum Durchstöbern. Natürlich findet sich auch ein großer See, mit Schilfrohr an den Ufern und lärmenden Enten, die sich die große Wasseroberfläche mit Schwänen und Booten teilen. Am Bootsverleih und dem dazu gehörigen Café, dessen Terrasse sich ans Ufer drängt, stauen sich die Menschenansammlungen. Nicht zuletzt deswegen sucht der Streuner sich seinen Unterschlupf abseits all des Trubels auf der gegenüberliegenden Seeseite. In einem verschwiegenen Wäldchen findet er eine Mulde, die ihm gerade recht ist. Obwohl er mit den Menschen gebrochen hat, so soll es an dieser Stelle jedoch keineswegs bedeuten, dass er sich nicht tief in seiner Seele immer noch an ihre Seite wünscht. In einiger Entfernung gibt es einen Spielplatz. Der Hund hört das freudige Gekreische und sieht Kinder in ihre Welt vertieft klettern, springen und im Sand buddeln, während sorgende Eltern ein Auge auf sie haben. Er begnügt sich damit, ihr Wirken aus der Ferne zu betrachten. Obwohl die Tritte und Gemeinheiten noch wie am ersten Tage brennen, fühlt er sich in seine Welpenzeit zurückversetzt, in der die Menschen in ihm noch einen Begleiter und kein unnützes Ungetüm sahen. Er gewöhnt sich an, die betriebsame Zeit des Tages zu verschlafen und erst gegen Mittag, wenn die Zahl der Parkbesucher abebbt, auf die Suche nach Futter zu gehen – nicht ohne seine Lieblingsbeschäftigung zu vergessen und vorher ein Bad zu nehmen. Die Parkbänke rund um den See stellen sich als die vielversprechendsten Orte heraus. Mit etwas Glück lassen sich Brotkrumen finden, die den Enten entgangen sind, und die Müllkörbe gleich daneben halten meist etwas anderes Genießbares bereit.

Dort sieht der Streuner ab und an ein und dieselbe gute Seele sitzen und die Enten füttern. Eine Seltenheit unter den Menschen, die ihn akzeptiert, wie er ist, und ihn bei der Entenfütterung freigiebig mitbedenkt. Doch einen großen Hund wie ihn treibt stets der Hunger und bald sieht er sich gezwungen, im ganzen Park Ausschau nach Fressbarem zu halten. Selbst zu den geschäftigsten Zeiten stöbert er in den Mülltonnen, während Spaziergänger und Jogger ihre Runden um den See drehen. Obwohl er darauf bedacht ist, so wenig wie möglich aufzufallen, ist dies bei seiner Erscheinung schier unmöglich.

Erneut gibt es die einen, die sich nicht an ihm stören – und genügend andere, die an der Anwesenheit eines herrenlosen Streuners Anstoß nehmen oder ihn aus Furcht und Abscheu heraus weiträumig meiden. Besonders den Eltern ist sein Anblick in der Nähe ihrer

Kinder ein Dorn im Auge. Wie sollten sie auch wissen, dass ihre Sorge in Bezug auf den verlotterten Einzelgänger vollkommen unnötig ist. So macht es ganz den Anschein, dass die Dinge mal wieder ihren gewohnten Gang nehmen. Jeden Tag rechnet der Ungewollte damit, für seine Freiheit die Flucht ergreifen zu müssen, um nicht wieder im Tierheim zu landen. Doch es kommt anders. Unverhofft bietet sich ihm die Chance, sein Leben in andere Bahnen zu lenken. Sie kommt mit einem nebeligen, nassen Herbsttag daher. An diesem Morgen verschlägt es den Streuner entgegen seiner täglichen Routine früher ans Seeufer. Auch jetzt erfüllt Kindergeschrei aus mehreren Kehlen die Luft – kein freudiges vom nahen Spielplatz, sondern furchterfülltes, das der umtriebige Herbstwind von der Mitte des Sees zu ihm trägt. Nebel verdeckt die Sicht, doch als hätte er nie etwas anderes getan, erfasst der Hund instinktiv die Situation und stürzt sich selbstlos ins Wasser, noch bevor er einen klaren Gedanken fassen kann. Unter lautem Gebell kämpft er sich durch den See. Alle Enttäuschungen, die der Mensch ihn erleiden ließ, sind vergessen, denn Kinder sind in Not und bedürfen seiner Rettung. Da tauchen sie auch schon aus dem Nebel auf: ohne Schwimmwesten und vor Kälte bibbernd, klammern sie sich an die Paddel und das untergehende Boot, das ihr Unvermögen zum Kentern gebracht hat. Der Nervenkitzel, ein Boot vom Verleih „geliehen" zu haben, hat sich in die Angst vor dem Ertrinken gewandelt. Nun ist ihnen jede Hilfe recht, wenn sie auch nicht mit dieser Art von Hilfe gerechnet hatten. Mit stoischer Ruhe mildert der Hund ihre Furcht. Er bringt sie dazu, sich in seinem langen Fell festzuklammern, und trägt sie zurück gen Ufer. Nun zeigen sich seine Stärken. Das dicke Fell gibt ihm Auftrieb, während es ihn vor der Kälte des Wassers schützt. Seine Muskeln erlahmen nicht so schnell wie die eines Menschen und die langen Beine sind den täglichen Kampf gegen das Wasser gewohnt. So schaffen sie es ans rettende Ufer. Doch die Sorge des Hundes endet dort nicht. Er wärmt die durchnässten Kinder und bellt, bis die längst benachrichtigte Hilfe eintrifft.

Nun sehen die Menschen endlich seinen wahren Wert. Fortan vertreiben sie ihn nicht mehr, sondern suchen seine Nähe. Wenn sie ihn sehen, eilen die Kinder freudig herbei. Dank seiner guten Tat findet der Hund eine Familie mit eigenem Teich, die ihn ins Herz schließt und seine Eigenarten lieben lernt. Und endlich eine Berufung, die seinem gutherzigen Charakter entspricht. Er findet in einem Kindergarten eine Anstellung, wo er mit den Kindern spielen und über ihr Wohlergehen wachen kann, wie es stets sein Wunsch war. Dabei lehrt er sie, dass sich hinter jeder noch so andersartigen und bedrohlichen Erscheinung ein Herz aus Gold verbergen kann. Ein Herz, das so vielen nicht entgangen wäre, hätten sie um den Wert des zweiten Blicks gewusst.

Die Wolken

Es ist eine Nacht wie all die ungezählten vor ihr. Unter einem klaren Himmel blickt ein vergängliches Menschen-Ich zu den Sternen empor, wie schon so oft zuvor in seiner Zeit auf Erden. Dort oben, am ewigen Firmament, sieht es sein eigenes Leben aufgeschlagen, um darin wie in einem Buch zu blättern.

Ein vom Leben ungeprüftes Wesen, mag man meinen – und doch erzählen die Sterne von einem Kind, aufgewachsen in unbeständigen Zeiten. Von einer Jugend, die nicht wenige Stürme bereithält. Aber die Sterne erzählen auch davon, wie dieses Kind den Kinderschuhen entwächst, und von Jahren im ruhigen Fahrwasser des Aufschwungs. Dieses eine Menschen-Ich sieht sich nach vielen Aufs und Abs fest im Leben angekommen; es wähnt sich sicher genug auf seinen Füßen und weise genug im Geiste, um sich für unabhängig zu erklären. Noch erfüllt von den letzten Resten jugendlichen Tatendrangs wendet es den Blick vom lehrreichen Schauspiel des Himmels ab und wirft sich wagemutig ins eigenständige Leben. Voller der Hoffnung, eine gute Welle zu erwischen.

Die Stadt gibt ihm Arbeit und Obdach. An jeder Ecke

finden sich frische Eindrücke, andere Menschen und mit ihnen Erlebnisse und Empfindungen, denen der erquickende Zauber des Unbekannten anhaftet. Das junge Herz erfreut sich an der Geselligkeit und dem Trubel der Stadt und wird zu einem Teil dieses eigenen Kosmos, der sich immer wieder aufs Neue zu erfinden weiß. Den Gesetzen dieses Kosmos entsprechend, will sich ein rastloses Wesen stets selbst neu erfinden und begrüßt die Veränderung mit offenen Armen. Ein ums andere Mal wechselt dieses Menschen-Ich Anschrift und Berufung – wer soll es ihm auch verdenken, ist der Wandel doch die ewige Triebfeder weltlichen Lebens und steckt in jedem Atemzug. Das alles begeht es mit der Entschuldigung junger Jahre. Und vielleicht tut es gar nicht schlecht daran, denn jede Entscheidung und jeder Wandel wird zu einer Erfahrung, die dem Charakter Anlass gibt, zu wachsen. So breiten sich nach und nach der Lebensweg und das eigene Schicksal immer klarer vor den Füßen aus. Mit der Zeit, die dem Neuen immer mehr von seiner Einzigartigkeit abzuringen weiß, fühlt sich das Menschen-Ich gesättigt vom sich unbeschwert versuchenden Leben und strebt nach Beständigkeit.

Es findet Arbeit, die seinem Leben ordnende Struktur gibt, und bezieht ein beständiges Heim gleich über einem Café mit seinen Gerüchen und vielstimmigen Gesprächen, die durchs Fenster in die Wohnung dringen. Bei allem Abstand verbleibt es in dem wohligen Selbstverständnis, an der Gesellschaft und ihren Erregungen teilzuhaben – obwohl sich der selbst vorgezeichnete und müßig fortzuführende Lebensweg immer weiter davon entfernt. Obwohl sich das Interesse an der Gesellschaft anderer immer mehr im Alltag verläuft, ist es diesem Menschen-Ich immer noch eine Wohltat, die lebendige Stadt um sich zu wissen. Darum findet es Gefallen daran, nach getanem Tagewerk schlicht am Fenster zu verweilen, um der Welt mit wachem Verstand und offenem Ohr zu lauschen.

Arbeit und Alltag werden zu den bestimmenden Variablen, nach denen sich sein Leben richtet. Das Leben meint es gut und schenkt ihm Erfolg und eine Fingerspitze Wohlstand. Vielleicht nicht genug, um dieses menschliche Wesen von allen Zwängen zu erlösen, aber gewiss ausreichend, um daraus etwas von Bedeutung aufzubauen. Bald ist das Wetter so mit das Einzige, das wirklich stören könnte. Mit dem größer gewordenen Lebensplan wächst jedoch auch der zu leistende Einsatz und die Stunden schmelzen dahin wie Schnee an einem Sommertag. Zeit wird diesem Menschen-Ich ein immer knapperes und sorgsam zu verteilendes Gut, das nicht unnütz vertan werden will. Um dem Gedränge der überfüllten Straßen zu entgehen, beginnt es in aller Frühe seinen Tag und arbeitet bis in die späten Stunden. Es erwischt sich sogar dabei, nicht mehr mit aller Macht der Geselligkeit entgegenzustreben – nicht aus der Erklärung heraus, sich für etwas Besseres zu halten oder weil es die Lebenswege der anderen verneint, sondern allein deshalb, weil seine Ziele immer mehr Raum in Anspruch nehmen.

Das gesellschaftliche Leben verschiebt sich auf die freien Abende an den Wochenenden, die allzu oft als Puffer herhalten müssen, um Versäumtes nachzuholen oder Anstehendes vorzubereiten. Bei all dem zu leistenden Einsatz hätte dieses Wesen trotzdem wahrlich keinen Grund, in Unzufriedenheit zu verfallen. Und doch, gelangweilt von den stetig gleichförmigen Bahnen, in denen sich sein Leben bewegt, erliegt dieses ruhelose Geschöpf den Verlockungen seines menschlichen Naturells und findet in der Suche nach dem störenden Detail eine Beschäftigung.

Zuerst ist es der Himmel, der Orientierungspunkt junger Jahre; die Wolken, die es dem unzufriedenen Geist nicht mehr recht machen wollen. Mal bringen sie zu viel Regen und dann wiederum zu wenig. Zur Winterzeit stehen sie ihm des Morgens zu spät am Himmel und werden abends viel zu früh von der Dämmerung verschluckt. Mal verdecken sie der herbeigesehnten Sonne einen ganzen Tag das Licht und sind wiederum anderntags zu wenige, um sie davon abzuhalten, die gläsernen Fassaden zum Kochen zu bringen. Sie vermiesen ihm zu viele Tage von Bedeutung und schenken schöne Wetterlagen, wenn die Arbeit die meiste Aufmerksamkeit verlangt.

Doch dabei bleibt es nicht. Über einem straff getakteten Tag, der viel Arbeit und wenig freie Stunden bereithält, werden auch manch kleine Ablenkungen in dem Wesen der Stadt zum Ärgernis. Der Verkehr, der je nach Gemütslage mal ausbremst oder drängt. Die überfüllten Parkplätze in einer von Autos und Gestank überfüllten Stadt. Ja, selbst der Geruch von goldbraun gebackenen Brötchen und frischem Kaffee, der nur dazu da zu sein scheint, den Verlockungen einer Arbeitspause zu erliegen.

Schließlich sind es gar die Menschen selbst, die das

Missfallen heraufbeschwören. Das Gedränge in den Fußgängerzonen hat seine erfüllende Magie längst verloren. Zu viele ungeduldige Seelen stehen in den Warteschlangen und rauben die wertvoll aufgewogene Zeit. Gespräche fordern Aufmerksamkeit ein, die mit den eigenen Plänen nicht zu vereinbaren ist. Besetzte Plätze rauben den wenigen hart erarbeiteten Pausen die Ruhe. Waren zuvor Verpflichtungen und ein ausgebuchter Kalender die Gründe, sich selbst die Gesellschaft anderer zu verwehren, so meidet dieses Menschen-Ich sie nun willentlich. Der Blick des unzufriedenen Geistes ist nun einzig und allein auf den eigenen Lebensweg gerichtet. Selbst die Mitmenschen sind zu Stolpersteinen verkommen, die danach trachten, ihm die Geschwindigkeit zu nehmen.

Seine Sinne auf das störende Detail gerichtet, ist es für das Menschen-Ich auch des Nachts um den Frieden geschehen. Das allabendliche Treiben im Café unter dem Zimmerfenster, welches einst ein Gefühl der Geborgenheit heraufbeschwor, stört den ohnehin von den Aufgaben des Tages malträtierten Schlaf. Darum sagt sich dieses Menschen-Ich los von Atem und Stimme der übervölkerten Stadt, um die Abgeschiedenheit zu suchen und endlich Ruhe zu finden.

Es ersteht eine Bleibe auf dem Lande, umgeben von schattenspendenden Bäumen, mit gesundem Abstand zu den Nachbarn, die man nicht zu sehen braucht, wenn man es denn so einrichten will. Die Wege, über die seine Füße nun wandeln, sind erfrischend leer und diktieren nicht. Die unverbaute Weite schenkt seinen Gedanken die nötige Klarheit und Frische, um sich mit vollem Eifer beruflichen Aufgaben zu widmen; der einzigen Verbindung zur Zivilisation, von der es sich nicht zu trennen vermochte. Von nun an soll sein Schlaf erholsam sein, befreit von jeglicher Störung.

Doch auch die unbeschäftigte Ruhe auf dem Land hält ihre Tücken bereit; davon abgesehen, dass die Hitze keinen Unterschied zwischen Stadt und Land macht. War es zuvor die Überflutung an Reizen und Geräuschen, die dem Menschen-Ich den Schlaf raubten, so ist es nun der eigene Herzschlag in der Dunkelheit, der dem Wunsch nach Ruhe ein Schnippchen schlägt und die Gedanken in Warteschleifen bannt – nicht selten in die Abgründe und Ungereimtheiten der eigenen Existenz, denen es sich allein zu stellen gilt. In der Stille ist jedoch für jene wirklich bewegenden Sorgen kein Trost zu finden, eröffnet sie den Nöten doch nur mehr Zeit und Raum, sich zu entfalten. Die langen Stunden eines wachenden Geistes vermögen nicht zu trösten und zu ermutigen, wie ein einfaches Wort es könnte.

Allein und an seine ständig fordernde Arbeit gefesselt, kommt diesem Menschen-Ich nicht mehr aus dem Sinn, dass etwas fehlt. Der Elan früherer Tage beginnt zu bröckeln, stattdessen formieren sich Fragen nach dem Warum und nach dem Wofür und verlangen nach Antwort. Nicht nur Arbeitseifer und kühn erdachter Plan geraten ins Straucheln, wenn der Geist verkümmert. Dem Essen fehlt es an Geschmack und dem Körper an Appetit, wenn die Kerze auf dem Tisch nur für einen brennt. Einsames Gelächter verklingt, ohne den Weg ins Herz zu finden. Selbst ein Lächeln erfriert auf den Lippen, wenn es die gemeinsamen Erlebnisse misst, die das einende Schicksal schreibt.

Irgendwann kann der freie Horizont die Leere im Inneren nicht mehr füllen und das Menschen-Ich beginnt, sich die Nebensächlichkeiten des Zusammenlebens zurückzuwünschen: die Melodie der Straßen, in der sich das lauschende Ohr so schnell verliert; Wildfremde, die sich über den täglichen Streit mit dem Leben hinweg die Hände reichen; Gesichter, um in ihnen von den Freuden und Entbehrungen dieser Welt zu lesen; die Aufregung, ein offenes Lächeln zu wagen und einen ersten Schritt zu tun, ohne um die Antwort zu wissen; warme Sommernächte mit ihrem kurzen Versprechen auf die Ewigkeit.

Geläutert von den Abgründen der Einsamkeit kehrt jenes Menschen-Ich zurück in den sich stets erneuernden Kosmos, von dem es vor einiger Zeit noch Abstand suchte. Es lernt das störende Detail mit anderen Augen zu sehen und versteht, dass es der Gesellschaft anderer bedarf, um zu gedeihen. Von nun an richtet es den Blick wieder zum lehrreichen Himmel, der ihm die leitenden Sterne auf seinem Wege weist. Doch nicht für sich allein, sondern mit dem Verständnis von einem unter vielen. Wie schwer es auch ist, miteinander ein Auskommen zu suchen, so liegt es doch in ebenjener, der innersten Natur des Menschen, sich nach der Gesellschaft anderer zu sehnen. Denn was ist schon ein Leben, das vergeht, ohne die Erfüllung gespürt zu haben, es mit jemandem zu teilen?

Wald von fremdem Namen

In einem Wald von fremdem Namen pulsiert das Leben Tür an Tür. Nicht aufgereiht mit Nummer und Klingel, sondern kreuz und quer. Das Schicksal malt sich für alle Bewohner prächtig aus. So prächtig, dass man gut nebeneinanderher sein Leben lebt und sich nicht um ein Miteinander bemühen muss. Auch die Zukunft verspricht sich golden zu gestalten, ist es doch ein Wald mit hohen Bäumen und jungen Schösslingen, die nur darauf warten, ihre Plätze einzunehmen. Im schönen Schein und den Überfluss vor Aug und Nase tun die Tiere des Waldes, was und wie es ihnen gefällt. Schließlich gehört der Wald keinem und jedem zugleich. Sie alle gefallen sich vor allem darin, sich selbst zu gefallen. An sich selbst finden sie nur das Beste, während sie für alles andere, das da kreucht und fleucht, nur Misstrauen hegen. Sie leben nach eigener Lust und Laune und scheren sich keinen Gedanken um das Daneben und das Danach; solange es nur nicht den selbstverliebten Frieden stört, den sie zu schätzen gelernt haben Dabei weiß natürlich jedes Mitglied der Waldgemeinschaft das Recht voll und ganz auf seiner Seite.

Ungeniert und fleißig bei der Sache macht sich eine

Gruppe Wildschweine daran, den Waldboden umzupflügen. Wie ein Wirbelsturm treibt es sie durch den Wald. Auf der Suche nach Pilzen, Wurzeln, Würmern und Schnecken folgen sie der eigenen Nase und graben mit Herzenslust nach ihren Schätzen.

„Für die mag're Zeit brauchts Fett und Speck, drum lasst uns wühl'n in unsrem Dreck!", grunzen sie weithin hörbar ihre Parole und reißen an nächstbester Stelle das Erdreich auf, um ein Schlammbad zu nehmen und dem nervenden Geschmeiß Herr zu werden.

Über das wilde Treiben der Wildschweine und ihre Spur der Verwüstung können Hase und Kaninchen nur empört die Näschen rümpfen. Fort sind Gras und Klee, wo die verdreckten Nachbarn wüten. Unter kummervollem Klagen begnügen sie sich mit den übrig gebliebenen Büscheln Gras, die immer noch ausreichend wachsen. Doch während sie noch schimpfen und als gutbürgerliche Nachbarn ihre Empörung pflegen, halten sie bereits großzügig selbst nach Besserem Ausschau.

„Süß und frisch und zart: Das klingt ganz nach unsrer Art", mampfen sie daher und tun sich wie selbstverständlich lieber an den sprießenden Trieben von Wiese, Strauch und Blume gütlich. Sie nehmen einen Bissen hier, knabbern ein bisschen da und ziehen weiter. Schließlich haben sie ja ein Anrecht auf alles, das sie zu erreichen imstande sind.

Natürlich geht das den Rehen und Hirschen gehörig gegen den Strich, denn auch sie fressen lieber junges, lebendiges Grün statt den abgestandenen Resten, die Wildschwein und Nagetier ihnen übrig lassen. Auch sie beschweren sich nach bester Manier; was schwerfällt, wenn man bereits das Maul voll hat. Die Rehe und Hirsche bedienen sich einfach eine Etage höher an den Blättern der Bäume. Selbst gestandene junge Bäume fressen sie ab und knabbern an ihrer Rinde. Frei nach ihrem Motto: „Wir sind das edelste Volk im Walde, drum nur das Beste, und zwar balde!"

Derweil Marodeure am Boden der Verwüstung frönen, hat Herr Specht dort droben nur Abfälligkeiten für sie übrig. Was ihn fürwahr nicht dazu antreibt, seinerseits zimperlicher zu Werke zu gehen. Seit einiger Zeit hat nämlich auch er sich einen gehobenen Lebensstil angewöhnt, was ihm natürlich nicht aufgefallen sein will. Bestimmt ist er nicht der Einzige, der gleich mehrere Zweitwohnungen in Baumstämmen mit bester Lage sein Eigen nennen kann. Schon nimmt er das nächste Projekt in Angriff und hämmert ein großes Loch, dass die Späne fliegen. Von Zurückhaltung hält der fleißige Bauherr freilich nichts. Das ständige Arbeiten macht müde. Da es jedoch zu viel Zeit in Anspruch nimmt, im toten Holz nach Larven zu suchen, bedient er sich einer einfacheren Methode: Rund um den Stamm treibt er kleine Löcher ins Holz, bis sich darin Baumsaft bildet. Das süße Nass der Buchen mundet ihm am besten, also zapft er gleich mehrere Quellen an, um ja nichts von seiner Zeit ans Warten zu verschwenden. Auf diese Weise malträtiert er die Bäume bis aufs Blut, um seinen Vorteil daraus zu ziehen.

„Kost und Logis, mehr will ich nimmer, ein wenig Schwund ist immer ..." Ganz so echot er sein Credo in den Wald hinein, um für sein Mittagessen die nächste Buche um ein bisschen Lebenskraft zu erleichtern. Dabei bemerkt er nicht, wer sich in seinem Schatten labt, denn auch die Meise hat Gefallen am süßen Saft gefunden.

„Jage nicht, was fliegt und flitzt, wenn's woanders schon vorm Schnabel sitzt", lautet die Weisheit, nach der sie lebt. Einige Bäume weiter stößt Herrn Spechts ständiges Getrommel auf wenig Freude. Zwar muss sich das Eichhörnchen keine Sorgen machen, schließlich lässt der Kenner das harte Holz von Eiche und Nuss in Frieden, aber es besteht auf seiner Tagesruh zur Mittagsstunde. Abseits der Ruhestörung schert sich das Eichhörnchen gleichwohl herzlich wenig um den Häuslebauer von nebenan.

„Was interessiert mich Nachbar Specht, Hauptsache ist doch: Ich hab recht!", sagt es sich und pflückt eifrig Eicheln, um sie im eigenen Kobel zu horten, statt sie wie gewöhnlich im Wald zu verstecken. Das erscheint ihm nur gerecht. Warum mit anderen teilen, was man vielleicht selbst noch braucht?

Ja, als Immobilienbesitzer hat man es schwer. Aufgebrachte Nachbarn stehlen einem die Butter vom Brot und die Instandhaltung der Besitzungen stiehlt den ganzen Laib gleich mit. Wenn der Hausherr einmal in seiner Aufmerksamkeit nachlässt, nisten sich Untermieter ein, die nichts zu seiner Altersvorsorge beitragen, außer leere Versprechen und Scherereien. So wie der Siebenschläfer. Just erwacht der genügsame Zeitgenosse aus seiner Winterruhe. Der Ausblick nach draußen reizt ihn wenig – und das nicht nur, weil er es gewohnt ist, des Nachts seine Runden zu drehen.

„Warum sich plagen an den langen Tagen, wenn noch so weit des Winters Leid?" Damit verschwindet er flugs wieder in seinem Loch, um noch ein, zwei Monate weiterzuschlafen.

Obwohl der Wald immer weniger Anlass gibt, in ihm zu leben, gefallen sich die Tiere darin, die Schuld für die sinkende Lebensqualität woanders zu suchen. Nachbar Specht fordert von Rehen und Hirschen, die Blätter und die Rinde „seiner" Bäume in Ruhe zu lassen. Die Wiederkäuer wenden sich ihrerseits an Hasen und Kaninchen, um sie darauf hinzuweisen, ja die Triebe und kleinen Pflanzen wachsen zu lassen, um sich zu gegebener Zeit zusammen an dem Mehr an Grün zu erfreuen. Die Hasen und Kaninchen wiederum verlangen von den Wildschweinen, ihre besten Futterplätze zu meiden und mit Hauer und Klaue woanders ihr Glück zu versuchen. Einig sind sich die Vierbeiner am Boden, was den angehäuften Schatz des Eichhörnchens angeht, und verlangen ihren gerechten Anteil an Walnuss und Eichel. Ein Begehren, das augenblicklich zurückgewiesen wird. Alle Tiere fordern lieber vom Nachbarn, für das Wohl des Waldes Verzicht zu üben, um es selbst weiter so zu halten, wie es dem eigenen Ich gefällt. Alles geht weiter wie bisher. Mit dem einzigen Unterschied, dass von nun an ein rauerer Ton durch den sonst so friedlichen Walde schallt. Währenddessen liegt der Siebenschläfer warm gebettet und lässt das Leben Leben sein.

Wie die Tage ins Land ziehen, ist nicht mehr alles zu finden, was die Tiere eigentlich auf dem Speiseplan erwarten, doch die gelegentlichen Knappheiten lassen sich im sonst vorherrschenden Überfluss fürs Erste bestens ignorieren. Wenn die Futtersuche mal etwas länger dauert, lassen sich immer noch genügend

Verantwortliche finden, denen man es ankreiden kann. Trotzdem hält unaufhaltsam der Hunger Einzug. Nichts wächst in der aufgewühlten Erde. Was dann doch aus dem Boden sprießt, wird weggeknabbert, bevor es zu voller Größe heranwächst. Den Bäumen rücken die Waldbewohner von unten und oben zu Leibe. Und keine Schösslinge können sich entwickeln, wo weder Nuss noch Samen zu Boden fallen. So ruht der Wald im gebrochenen Frieden, während Not und Entbehrung um sich greifen.

Eines stürmischen Tages erfüllt lautes Wehklagen den Wald. Die herbeigeeilten Tiere sehen den Kobel des Eichhörnchens samt Inhalt auf dem Boden liegen. Das Eichhörnchen muss auf seinem Ast mitansehen, wie die Ausgehungerten über seinen Vorrat herfallen. Verzweifelt wendet es sich an Nachbar Specht und fragt ihn nach einem Unterschlupf. Doch obwohl Herr Specht im Eichhörnchen einen fleißigen Mieter erkennt, kann er ihm nicht helfen. Seine Wohnungen sind morsch geworden. Der Baumsaft ist lange versiegt und die hölzernen Riesen, in denen er seine Wohnungen baute, liegen im Sterben. Was für einen einzelnen Baum zum Zyklus des Waldes gehört, kommt einer Katastrophe gleich, wenn zur selben Zeit andere Riesen mit ihm fallen. Als der Siebenschläfer aus seiner langen Ruhe erwacht, mag er seinen Augen nicht trauen. Nicht viel erinnert an das Fleckchen aus seiner Erinnerung. Totes Holz, wo einst lebende Bäume standen. Von hungrigen Seelen aufgewühlte Erde, wo man vergebens einen Stein sucht, der nicht umgedreht worden wäre. Ausgezehrte Gestalten, wo zuvor noch stolze Tiere wandelten. Das letzte Grün des Waldes: ins Blätterdach geflohen.

Erst jetzt sehen die Bewohner jenes Waldes, wohin sie ihre Unersättlichkeit geführt hat – und die Misere, die sie als Nachbarn miteinander teilen. Geeint treffen sie eine Entscheidung, zu der sie erst die Not treiben konnte. Sie wollen sich einen neuen Wald suchen und fortan alles besser machen. Doch der Wald endet nicht wie gedacht in Feld und Wiese. Straßen, Zäune und Städte versperren den Weg, erbaut von einem Wesen anderer Natur, aber gleicher unersättlicher Art. So sind die Tiere gezwungen, ihr selbst verursachtes Schicksal zu ertragen und sich in Verzicht zu üben, wo einst das Paradies auf Erden zu finden ward.

Zum Glück ist der Wald ein verzeihender Vater und die Erde eine gütige Mutter. Bald sprießt aus dem tiefsten Unglück neues Leben hervor. Doch bis sich das Blätterdach wieder dicht an dicht über den Himmel spannt, vergehen Generationen. Und im vormals so prächtigen Walde von fremdem Namen herrscht magere Kost auf Jahre.

Das unerhörte Kind

Ein Kind wird in diese Welt geboren, mit Geschwistern reich an Zahl. Wie entgegengesetzt ihre Startbahnen ins Leben auch beschaffen sind, stellt das elterliche Gemüt an all seine Kinder die gleichen Ansprüche; ist ein jedes doch ein zukünftiger Stützpfeiler der gemeinsamen Welt. Drum muss sich jenes in die Welt geborene und stiefmütterlich mit Glück bedachte Kind stets mehr strecken, um seinen Platz zu finden – während seine Eltern sich in guter Absicht dazu berufen sehen, es dem eigenen Ebenbild nach zu formen.

So wächst das Kind unter behütender Sorgfalt auf. Seine Eltern geben sich alle Mühe, es vor den einst selbst begangenen Fehlern zu bewahren. Bei diesem Vorhaben vergessen sie, dass jeder Fehltritt auch ein Quäntchen Erleuchtung mit sich bringt, Fragen zutage fördert und Chancen entwirft, welche der gerade Weg nur selten freigiebig bereithält. Sie lehren den eigenen Zögling, was ihnen wichtig erscheint, und lassen zu viele Fragen verklingen, statt sich Zeit für umsichtige Antworten zu nehmen. Welche Spielzeuge das Kind in den Händen hält, überlassen sie selten dem Zufall; noch weniger, wenn es darum geht, mit wem es sie teilt und zarte Kontakte knüpft. Die Erziehungsberechtigten geben ihrem Kind Leitlinien, die seinem Lebensweg Ordnung verschaffen sollen. Die Mühe, zu seinen wahren Bedürfnissen vorzudringen, machen sie sich viel zu selten. Doch an anderer Stelle begehen sie einen noch größeren Fehler; einen, den ein Kinderherz nur schwer verzeiht und nie vergisst: Sie geben ihrer Zuneigung wertenden Charakter, indem sie sie denjenigen vorenthalten, die allzu sehr aus der Reihe fallen.

Bei allem reden sich die Erzeuger ein, im Sinn des jungen Lebens zu handeln. Und doch schenken sie seinen persönlichen Sorgen und Gedanken immer weniger Gehör; geht das Schicksal des Einzelnen doch in der Masse der Geschwister unter, die gleichermaßen nach Aufmerksamkeit verlangen.

So handeln die Eltern zum Besten des Kindes und fesseln ihm im gleichen Atemzug die Hände. Heißen es, wie ein Vogel die Flügel auszubreiten, um die Balance im eigenen Flügelschlag zu finden, und stutzen ihm im selben Atemzug mit Regeln und Bedingungen die treibenden Federn, die ihm doch erst den Aufstieg in den Himmel ermöglichen sollen.

In den letzten Zügen seiner Jugend angelangt, blickt das Kind zurück auf junge Jahre, geführt im Sinne eines anderen Geistes. Es sieht einen Weg, gegangen in den vorgezeichneten Spuren seiner Ahnen, um die Chance gebracht, Dinge selbst zu ergründen und zu lernen. Es hat versäumt, seinem Selbst einen festen Untergrund zu suchen und Wurzeln zu schlagen. So geht das Kind seinen letzten Schritt und verwandelt sich in einen Erwachsenen ohne inneren Sinn und Anker. Dem zum

Trotz wird der Erwachsene zu dem erwarteten stützenden Pfeiler, der seinen Teil der Last des gemeinsamen Gebildes zu tragen lernt. Passend in Größe und Beschaffenheit und dabei starr in seinem Innenleben. Die Eltern heißen ihn nun in einem feierlichen Akt mit sich auf einer Stufe und übergeben den Erwachsenen in seine Unabhängigkeit. Und doch, egal mit welchem Nachdruck sie das Gegenteil beteuern, bleibt ein Kind in den Augen vieler Eltern immer noch ein Kind, in allen Lebensphasen, die sie miteinander teilen. Ebenso verhält es sich bei den Eltern dieses Kindes. Und so wollen die Vorgaben, entgegen dem feierlichen Schwur, nicht nachlassen.

Irgendwann, zu spät und mit nicht minderer Wucht, beginnt das erwachsene Kind sich gegen seine Eltern aufzulehnen und sie zu hinterfragen. Doch die Eltern, häuslich eingerichtet in der Position der bestimmenden Kraft, reagieren nur mit noch mehr Vorgaben und Verboten. Bald können die Eltern nicht mehr mit ihrem Zögling an einem Tisch sitzen, ohne sich im Streit zu ergehen. Alle drei finden immer seltener zueinander. So nimmt das auf dem Rücken des Kindes lastende Gewicht mehr und mehr zu. Der fehlende innere Sinn und Anker erweisen sich nun als das entscheidende Detail. Der Wurzel im steinernen Boden gleich, konnte dieses Kind Zeit seiner Jugend keinen Halt in sich selbst finden. Starr und solide, wie er erscheinen soll, ist die Stabilität des Pfeilers im zusammenhaltenden Kern doch schwacher Natur, durchsetzt mit Hohlräumen und dürftig zusammengewachsenen Bruchstellen. Darum macht seine unnachgiebige Beschaffenheit den

Stützpfeiler empfindlich gegenüber den Erschütterungen des Lebens; umso mehr mit jedem Bisschen an Last, die es zu tragen gilt. Am Ende reicht ein im Streit vorgebrachter Satz, um den Stützpfeiler wie einen ausgedorrten Ast brechen zu lassen. Das unerhörte Kind verlässt die Familie, egal wie sehr die Eltern auch versuchen, es zurückzuholen. Einige seiner Geschwister folgen ihm nach. Sie hinterlassen eine Lücke im stabilen Konstrukt, die vielleicht nicht reicht, das große Ganze zum Einsturz zu bringen, wohl aber, es anfälliger für die Veränderungen jener Zeit zu machen.

In Trauer um ihr verlorenes Kind müssen die Eltern sich eingestehen, dass es für die einmalige Chance der Erziehung eines Kindes mehr braucht als Regeln und Verbote. Ihnen wird klar, dass ein in Form gepresster Pfeiler nicht dieselbe Festigkeit und Härte besitzt wie einer, dem die Gelegenheit gegeben wird, über Jahre selbst zu innerer Stärke zu finden und in seine stützende Rolle zu wachsen. Am Tage des Abschieds ohne Wiederkehr geben sich die Eltern das Versprechen, keine weiteren Chancen mehr zu verschwenden.

In der Erziehung der nächsten Generation gibt es zwar immer noch die sanft führende, aber niemals drängende Hand, die Platz lässt, eigene Erfahrungen zu machen und selbständige Gedanken wachsen zu lassen. Die Eltern gewöhnen sich an, Anreize zu geben, statt mit Zwang ans Werk zu gehen, der so oft zum Gegenteil gereicht. Regeln müssen zwar auch fortan an wichtiger Stelle die Grenzen klären, doch sind sie mit einer vertrauensvollen Prise Freiraum gewürzt. Nun finden die beiden Erfüllung darin, elterliche Fürsorge nicht an Bedingungen zu knüpfen und sie stattdessen mit Nachsicht und Verständnis zu schenken.

Auch bei diesem Unterfangen kommen am Ende Stützpfeiler heraus, doch geliehen aus freiem Willen und erfüllt mit der Kraft der Überzeugung – mit jener in sich gebündelten Stabilität, die es vermag, Erschütterungen nicht nur zu widerstehen, sondern ihnen einem Wellenbrecher gleich die Zerstörungskraft zu nehmen.

Für das unerhörte Kind und seine abtrünnigen Geschwister kommt die Änderung in der elterlichen Natur freilich zu spät, sind sie doch von der Enttäuschung gebrandmarkt fürs Leben. Sie werden zu den Stützpfeilern anderer Häuser, unter dem schützenden Dach unseres großen Gebildes, das sich Gesellschaft nennt, und doch für sich allein.

Auf
ein
letztes
Wort
zum
Frieden

Lange schon gewartet,
gebettet dort in friedlich Ruh.

Zerreißet Kette, Seil und Strick.
Voll Wut, voll Hass, voll zornig Blick.

Im Geiste nur das einzig Ziel,
zu stellen, den Leu von andren Farben.
So altbekannt in Fell und Narben.

Schleichend aus dem drohend Schatten,
in der gespannten Stille Kleid.

Zwei Fratzen, geschmiedet aus der Geschichten Leid.
Zweier Welten Wesen im Wirken für die Bitterkeit.

Getrieben von der Zwietracht Saat,
um Gericht zu halten über andrer Streben.
Über Haus und Heim und Leben.

Und grollend dringt aus tiefer Kehle,
der Klang der Trommeln Schlacht.

Vergessen wird sein Sinn und Frage,
im Ringen von Sieg und Niederlage.

Wo bleibt der Einhalt rettend Ruf?
Wo Einkehr, dass es sich wieder legt zum Schlafe?
Seit an Seit im Frieden.

Sonst bricht es hervor, Schicht um Schicht,
das grässlich Tier im Menschen Ich.